**천국과 지옥
제대로 알기**

천국과 지옥 제대로 알기

지은이: 라원기
펴낸이: 원성삼
책임편집: 김지혜
표지 및 본문 디자인: 김경석
펴낸곳: 예영커뮤니케이션
초판 1쇄 발행: 2016년 12월 20일
출판신고 1992년 3월 1일 제2-1349호
136-825 서울시 성북구 성북로6가길 31
Tel (02)766-8931 Fax (02)766-8934

ISBN 978-89-8350-960-4 (03230)

저자와 출판사의 허락 없이 내용의 일부를
인용하거나 발췌하는 것을 금합니다.
저자와의 협의에 따라 인지는 붙이지 않습니다.
잘못 만들어진 책은 구입처에서 교환해 드립니다.

정가 11,000원

www.jeyoung.com

이 도서의 국립중앙도서관 출판예정도서목록(CIP)은 서지정보유통지원시스템
홈페이지(http://seoji.nl.go.kr)와 국가자료공동목록시스템(http://www.nl.go.
kr/kolisnet)에서 이용하실 수 있습니다.(CIP제어번호: CIP2016027385)

 모든 인간은 하나님의 형상을 닮은 존엄한 존재입니다. 전 세계의 모든 사람들은
인종, 민족, 피부색, 문화, 언어에 관계없이 존귀합니다. 예영커뮤니케이션은 이
러한 정신에 근거해 모든 인간이 존귀한 삶을 사는 데 필요한 지식과 문화를 예
수 그리스도의 사랑으로 보급함으로써 우리가 속한 사회에 기여하고자 합니다.

당신이 영원히 살 그곳이 궁금하지 않습니까?

천국과 지옥 제대로 알기

라원기 지음

추천사 1

라원기 목사님은 양들을 진짜 사랑하는 참 목자입니다. 그들에게 가장 필요로 하는 것이 무엇일까 항상 고뇌합니다. 이번에 쓰신 책도 청년들이 다수인 교인들을 목양하며 기도하던 중 나온 책입니다. 훌륭한 저자이신 라 목사님을 위해 여러 차례 추천서를 써 드린 적이 있었지만 이번처럼 책을 읽으며 빠져들은 적은 없었습니다. 복음의 본질에 관한 목사님의 치열한 싸움이 느껴지는 살아 있는 책입니다.

천국과 지옥에 대한 이해는 누구나 예수님을 믿기 위해서라면 기본적으로 꼭 알아야 하는 주제입니다. 또한 누군가를 전도하려면 반드시 그것에 대한 지식이 필요합니다. 복음주의자요 전도자로서, 라원기 목사님은 어려운 주제를 다양한 예화로 쉽게 그리고 깊은 성경적 지식으로 심오하게 접근하였습니다.

이 책은 게을러지고 자칫 교회생활이 지루해질 수 있는 성도들의 신앙을 바로 세워 주는 좋은 텍스트가 될 것입니다. 전도가 식어가는 대한민국에 이 책이 다시 전도의 불을 일으키는 큰 통로가 될 수 있을 것으로 확신합니다.

김형민 목사(대학연합교회 담임 목사)

추천사 2

　이전 세대와는 비교할 수 없을만큼 물질적 풍요와 편리함이 상승하면서 사람들의 관심은 영원에서 현세로, 비가시적인 것에서 가시적인 것으로, 열정에서 안주로 급변하고 있습니다. 이런 시대적 상황에서 '천국과 지옥'에 대한 주제를 다룬 책을 출간한다는 것은 분명한 신학적 확신과 용기 없이는 불가능한 일입니다.

　저는 저자로 하여금 이 책을 펴내지 않을 수 없게 만든 근본적인 동기를 잘 알고 있습니다. 그것은 영혼 구원의 열정입니다. 저자는 특히 젊은 세대를 향한 변치않는 소망을 품고 목회 현장과 학교 강단을 통해 시대의 허무를 거스르는 하나님의 사람들을 만들어 내고 있습니다. 저자는 탁월한 스토리텔러입니다. 자칫 무거울 수 있는 주제인데도 성경 뿐만 아니라 주옥같은 예화들을 통해 독자들을 설득하는 데 성공했습니다. 자신의 인생을 미리 결산해 볼 수 있게 만들어 주는 이 천국과 지옥의 스토리는 읽는 이들의 삶의 태도를 확실하게 수정해 줄 것입니다.

  단숨에 읽어 내려갈 수 있지만 계속 곁에 두고 음미할 수밖에 없는 보기 드물게 명쾌한 종말론을 통해서 많은 영혼들이 영원한 빛을 발견하기를 기원합니다.

정영민 목사(포도원교회, L.A.)

HEAVEN

목 차

추천사 1(김형민 목사) _4
추천사 2(정영민 목사) _6

들어가는 말 _10

천국은 어떻게 가는가? _17
천국은 어떤 곳인가? _41

천국에서 우리는 어떻게 사는가?	_101
지옥 바로 알기	_173
천국 백성은 어떻게 살아야 하는가?	_229
나가는 말	_241
미주	_247

들어가는 말

"천국을 목표로 삼으면 그 안에서 지상도 얻게 될 것이다. 그러나 지상을 목표로 삼으면 아무것도 얻지 못한다."(C. S. 루이스)

몇 년 전에 저는 아프가니스탄에서 하나님의 사랑을 전하다가 순교한 의료 사역팀에 관한 기사를 접한 적이 있습니다. 그들은 기독교 정신으로 세워진 국제의료단 IAM : International Assistant Mission 소속의 의료팀으로서 2010년 8월 6일 산악 지대를 다니면서 빈곤 지역의 주민들에게 안과 진료를 해 주고 돌아오던 중에 사고를 당하였습니다. 당시 100마일의 고된 여행을 마치고 자신들의 차로 되돌아온 의료팀은 아프가니스탄의 수도인 카불 Kabul 로 돌아가려고 준비를 하던 참이었는데 난데없이 총을 든 괴한들을 만나게 된 것입니다.

무장을 갖춘 그들을 보면서 의료봉사단의 리더인 톰 리틀Tom Little 씨가 침착한 목소리로 "무슨 일인가요?"라고 말을 건넸습니다. 하지만 그의 말이 채 끝나기도 전에 끔찍한 총성이 울려 퍼졌습니다. 이날 피살된 의료 봉사단원은 여성 3명을 포함해 미국인, 영국인, 독일인, 아프간인 등 모두 10명이었습니다.

이들을 살해한 괴한은 나중에 탈레반Taliban 들로 밝혀졌습니다. 숨진 사람 가운데 리더인 61세의 톰 리틀은 부인과 함께 40여 년 간 아프간에서 병원을 세우고 현지인 2세들에게 의술을 가르친 사람이었습니다. 딸 셋도 모두 아프간에서 낳고 길렀을 정도로 아프간을 사랑하고 헌신적으로 봉사했던 사람입니다. 그리고 그와 함께 동행했다가 목숨을 잃은 다른 사람들도 모두 신실한 크리스천으로 의술을 통하여 하나님의 사랑을 아프간에 전하기 위한 목적으로 헌신하고 수고하던 사람들이었습니다.

그날 희생된 희생자 가운데 여성분으로 영국인 의사 캐런 우Karen Woo 박사도 있었습니다. 36세의 이 자매는 연봉 1억 8,000만 원 이상을 받는 의사였으나 아프간 사람들을 돕고자 하는 마음으로 그 모든 것을 버리고 이들을 돕는 일에 생애를 헌신하였습니다. 특별히 그녀의 죽음이 더욱 안타까운 것은 이 자매가 결혼을 2주 앞두고 죽음을 당했다는 사실입니다.

저는 처음 이들의 소식을 뉴스 기사로 접했을 때 얼마나 마음이 아팠는지 모릅니다. 인간으로서 가장 고귀한 마음을 품고 조건 없이 다른 사람을 위해 헌신하던 그리스도인들에게 이런 안타까운 죽음이 닥쳐왔다는 사실이 믿어지지 않았습니다. 그리고 특별히 결혼을 앞두고 목숨을 잃은 '캐런 우' 자매의 이야기에 너무나 마음이 아팠습니다.

그런데 며칠 후 저는 우연히 읽은 후속 기사에서 '캐런 우' 자매의 약혼자인 마크 스미스 Mark Smith 형제가 한 말을 듣고 큰 은혜와 감동을 받았습니다. 그는 자신의 약혼녀의 안타까운 죽음에 대하여 사람들이 위로하자 다음과 같이 말했습니다.

"그녀는 일찍 세상을 떠난 것이 아닙니다. 좀 더 일찍 집에 도착한 것일 뿐입니다."

얼마나 아름다운 신앙고백입니까? 죽은 것이 아니라 집으로 돌아간 것이라니! 사실상 의료 사역팀 단원들이 사랑하는 친구나 가족들을 떠나 낯선 아프간에서 봉사할 때 그들은 얼마나 자신들의 조국과 고향을 그리워했겠습니까? 그런데 이제 하나님은 그들을 진짜 집으로 데려가신 것입니다. 자주 홈커밍을 꿈꾸던 그들에게 하나님께서는 진정한 홈커밍을 주신 것입니다.

    그날 접한 이들의 죽음에 대한 기사와 캐런 우 자매의 약혼자인 남성의 반응을 접하면서 저는 천국과 지옥에 대해서 다시 한 번 깊이 생각해 보게 되었습니다. 정말 천국은 있는가? 있다면 먼저 천국에 간 저들은 앞으로 어떻게 살게 될 것인가? 그리고 나도 천국에 가게 된다면 천국에서의 영원의 삶은 과연 어떠한 모습일까? 여기에 대하여 성경은 무엇이라고 하는가?

    그리고 지옥은 정말 있는가? 하는 질문도 하지 않을 수 없었습니다. 또한 지옥이 있다면 정말 예수님을 믿지 않는 사람들은 모두 지옥에 가야 하는가도 생각해 보지 않을 수 없었습니다. 만약 복음을 접하지 않고도 지옥으로 가지 않을 수 있는 방법이 있다면 선교지에서 복음을 전하기 위해 생명 바쳐 수고하는 선교사님들의 모든 수고가 사실상 헛된 수고가 되기 때문입니다.

    천국과 지옥에 대해 궁금해질 때 사람들은 쉽게 접할 수 있는 도구로 천국이나 지옥에 다녀온 사람들의 간증을 참고로 하는 경우가 많습니다. 물론 그러한 간증도 어느 정도는 참고가 될 수 있겠으나 너무 주관적인 개인의 체험을 싣고 있기 때문에 천국과 지옥에 관한 객관적인 자료가 될 수는 없습니다.

결국 천국과 지옥에 대한 올바른 관점을 가지기 위해서는 성경을 제대로 아는 것이 중요합니다. 성경에서 천국과 지옥을 무엇이라고 말하는지 올바로 살펴보는 것이 대단히 중요합니다. 물론 성경은 백과사전처럼 천국에 대해 자세하게 설명하고 있지는 않습니다. 그러나 성경을 자세히 살펴보면 어느 정도 우리의 궁금증을 채워 줄 만큼의 자료는 얻을 수 있습니다.

그리고 조나단 에드워즈나 스펄전 목사님과 같이 과거 훌륭한 신학자나 설교자들 가운데 천국과 지옥에 대해 통찰력을 주는 좋은 말씀을 남긴 분들도 상당히 많이 있습니다. 이 책을 준비하는 데 있어서 이런 분들의 도움을 많이 받았지만 특별히 천국에 대한 현대적인 연구가로 영원의 관점에 관한 책을 많이 쓴 랜디 알콘 Randy Alcorn 의 저서들로부터 많은 도움을 받았음을 미리 밝힙니다.

그러나 무엇보다 이 책을 쓰는데 가장 도움을 주신 분은 성령님이십니다. 제 속에 계신 성령님께서 제게 천국과 지옥에 대한 갈망과 관심을 지속적으로 불어 넣어 주셨습니다. 삶이 힘들고 허무하다고 느낄 때마다 천국을 더욱 소망하게 하셨으며 영혼 구원에 대한 관심이 소홀해질 때마다 지옥의 두려움에 대한 경각심을 불러일으켜 주셨습니다.

　이번에 『천국과 지옥 제대로 알기』를 저술하면서 영원한 세계에 대한 관심이 더욱 높아졌으며 천국에 대한 사모함도 더욱 커졌습니다. 그리고 지옥에 대한 경각심 또한 한층 더 높아졌습니다. 이 책을 읽게 되면 독자 여러분들도 분명히 그렇게 되실 것으로 믿습니다.

　책을 쓰다 보니 감사한 분이 많습니다. 무엇보다 먼저 제게 천국과 지옥에 대한 관심을 불러일으키시고 감동을 주신 성령님과 천국을 준비해 놓으신 성부 하나님 그리고 저희들에게 천국을 주기 위해 고난당하신 성자 예수님께 감사를 드립니다.

　그리고 이 책을 기꺼이 출판하기로 결정해 주신 예영커뮤니케이션 원성삼 대표님과 애써 주신 김지혜 편집장에게도 감사드리며 바쁘신 가운데서도 추천사를 기꺼이 써 주신 김형민 목사님과 정영민 목사님께도 감사드립니다.

　일찍이 존 번연은 우리의 인생길이 천국으로 가는 순례의 길이라는 관점에서 『천로역정』이라는 책을 썼습니다. 일일이 다 이름도 모르고 얼굴도 모르지만 천국과 지옥에 관한 제 책을 같이 읽어 주시면서 이 중요한 주제에 같이 관심을 가져 주시는 여러분 모두가 저와 함께 천국 길을 가는 영적 순례자이고 동지들임을 생각하며 감사를 드립니다. 부디 이 책으로 인해 천국 소망이 더욱 커지고 영혼 구원에 관한 열정이 더욱 불타오르기를 소망합니다.

감사합니다.

2016년 12월
라원기 드림

천국은 어떻게 가는가?

천국은 엄청나게 크지만
천국에 이르는 길은 너무나 좁다.
- 헨리 스미드 -

천국과 지옥은 분명히 있다

저는 천국과 지옥을 눈으로 본 적은 한 번도 없습니다. 그러나 천국과 지옥에 대해 성경에서 분명하게 이야기하고 있기 때문에 천국과 지옥이 있다는 사실을 믿습니다. 그리고 그뿐 아니라 이 세상을 보더라도 천국 같은 모습이 있고 지옥 같은 모습이 있는 것을 보면 천국과 지옥이 있다는 사실을 분명히 알 수 있습니다.

우리가 정말 아름다운 경치를 보게 되면 "야, 천국에 온 것 같다."라는 말을 하지 않습니까. 그리고 정말 끔찍한 고통을 경험하거나 끔찍한 광경을 목격하면 "야, 지옥이 따로 없구나."라는 말을 하지 않습니까. 저는 북한의 탈북자들이 강제 수용소에서 겪은 내용을 증언한 책을 읽으면서 '아, 정말 우리가 사는 이 세상에도 이렇게 멀쩡히 지옥이 존재하는데 죽어서 가는 지옥이 없을 리가 없다.'라는 생각을 해 보았습니다.

그러나 사실상 이 땅에는 지옥과 천국이 뒤섞여 있을 때가 많습니다. 물론 하와이와 같이 명백하게 천국처럼 보이는 곳도 있고 북한처럼 명백하게 지옥으로 보이는 곳도 있습니다. 그러나 그렇다고 하더라도 칼로 두부를 자르듯이 명확하게 지옥과 천국이 구분이 되는 것은 아닙니다.

천국 같은 하와이로 신혼여행을 갔어도 그곳에서 부부 싸움을 하게 되면 그 자리가 금방 지옥으로 변합니다. 그러나 북한 같은 지옥에서도 숨어서 예배를 드리다가 하나님의 임재를 경험한다면 그 자리가 천국으로 변할 수 있습니다.

제가 친하게 지내는 어떤 형제가 분당에 사는데 당시 분당이 한참 개발될 때였습니다. 이 형제가 그곳에 집을 사서 이사를 가자마자 농담 비슷하게 '천당 밑에 분당'이라고 말한 적이 있습니다. 그때 마침 제가 미국 유학 중에 잠깐 들어온 상태였기 때문에 그 말을 맞받아치기 위해 '천국 밑에 미국'이라고 말했습니다. 그런데 분당이라고 천당이 아니고 미국이라고 천국이 아닙니다.

사실 분당에 살던 그 형제는 빚을 내서 집을 사는 바람에 '하우스 푸어' house poor 가 되어 상당히 오랫동안 지옥을 경험했습니다. 미국도 마찬가지입니다. 미국도 여러 가지 좋은 것이 많이 있지만 결코 천국이 아닙니다. 한국에 비해 훨씬 불편하고 힘든 부분이 많이 있습니다. 그래서 제가 미국에 가서 몇 년 살아 보고 내린 결론은 미국은 '천국 같은 지옥'이고 한국은 '지옥 같은 천국'이라는 것이었습니다.

미국이 천국 같이 느껴지는 이유는 일단 환경이 좋습니다. 국토가 어마어마하게 넓고 공기가 맑고 깨끗하고 교통 정체도 별로 없습니다. 그리고 어디에 가나 널찍한 공원이 있고 푸른 잔디가 있으며 바비큐 파티를 하기에도 좋습니다. 좀 잘사는 집은 집집마다 수영장까지 딸려 있습니다.

그뿐 아니라 교육 환경도 좋습니다. 아이들이 입시 스트레스를 받지 않고 마음껏 자신의 재능을 살려서 공부를 합니다. 미국 시민권만 있으면 웬만한 학교는 공짜로 다닐 수 있습니다. 선생님들도 책임감을 가지고 아이들 교육을 잘 시킵니다. 특별히 특수 교육은 미국을 따라갈 수가 없습니다.

그 외에도 많은 장점이 있습니다. 반면에 한국은 지옥입니다. 무슨 지옥이냐? 첫째 입시 지옥입니다. 거기에다가 교통지옥입니다. 국토도 너무 좁고 공해도 심합니다. 이렇게 보면 미국은 천국 같고 한국은 지옥 같지만 그런데 꼭 그런 것만은 아닙니다. 미국은 일단 의료비가 너무 비쌉니다. 그래서 아파도 병원에 함부로 못 갑니다. 이 하나를 뽑는데도 몇 십만 원을 내야 할 때도 있습니다. 그리고 인건비가 너무 비싸 식당이나 서비스 업종에 가면 언제나 팁을 내야 합니다. 거기에다가 세금도 같이 부과하니 상당히 부담이 됩니다. 관공서에 전화를 해도 사람이 받지 않고 전부 녹음된 목소리만 나옵니다. 얼마나 답답한지 모릅니다.

반면에 한국은 인건비가 싸니까 관공서나 서비스 업종에 사람들이 많아서 전화하면 통화가 잘되고 바로 바로 해결할 수 있습니다. 사람들이 얼마나 일처리를 빨리 하는지 웬만한 일은 그 자리에서 바로 해결됩니다. 미국에서는 이사를 하면 인터넷을 새로 연결하는 데만 일주일이 걸립니다. 반면에 한국은 그 다음 날 바로 해결됩니다. 얼마나 편리한지 모릅니다.

그리고 밤 12시에 전화해도 금방 야식이 배달되는 나라가 한국입니다. 돈만 있으면 집에서 다 시켜 먹을 수 있습니다. 미국은 가구를 하나 사도 전부 자기가 다 싣고 와야 하고 집에 와서 다 조립해야 합니다. 작은 승용차에는 가구가 들어가지도 않습니다. 그러니 얼마나 피곤한지 모릅니다.

한국은 인터넷으로 주문해도 다 조립해서 집 안까지 배달해 줍니다. 얼마나 편리합니까? 그리고 더 중요한 것은 한국은 치안이 그래도 괜찮은 편입니다. 밤 12시에 걸어 다녀도 큰 문제가 없습니다. 반면에 미국은 마약과 총기 소지 때문에 밤에는 너무 무섭습니다. 8시만 넘어도 밖에 나돌아 다니기가 겁이 납니다.

그래서 저는 미국은 '천국 같은 지옥'이고 한국은 '지옥 같은 천국'이라고 생각했습니다. 제가 왜 이런 이야기를 합니까? 우리가 사는 이 세상에는 완전한 천국, 완전한 지옥은 없다는 것입니다. 어떤 면에서는 천국과 지옥이 섞여 있습니다. 그러나 우리가 알아야 할 사실은 죽어서 이 땅을 떠나는 순간에 이야기는 완전히 달라진다는 것입니다. 우리는 정말로 천국이나 지옥, 둘 중의 한 곳에 가게 됩니다.

그리고 우리가 세상을 떠난 뒤에 가게 될 천국이나 지옥은 어중간한 곳이 아닙니다. 천국은 말로 다할 수 없이 좋은 곳이고 지옥은 말로 표현할 수 없이 고통스럽고 괴로운 곳입니다. 그리고 한번 가는 곳이 정해지면 다시는 바꿀 수 없습니다. 가톨릭에서는 연옥을 이야기하지만 그런 곳은 없습니다. 그러므로 우리는 이 땅에서 살아 있을 때 천국과 지옥에 대해 바로 알고 무조건 지옥이 아닌 천국으로 가는 인생이 되어야 합니다.

그것이 바로 제가 여러분과 함께 천국과 지옥에 대해 알아보고자 하는 이유입니다. 천국과 지옥은 결코 멀리 있는 이야기가 아닙니다. 우리가 이 세상을 떠나면 곧바로 경험할 현실로 닥칠 세상입니다. 그러므로 천국과 지옥에 대해 제대로 아는 것이 그 무엇보다 중요합니다.

죽음은 누구에게나 찾아온다

여러분이 왜 천국과 지옥에 대해 알아야 하느냐 하면 죽음은 누구에게나 찾아오기 때문입니다. 얼마 전에 아주 충격적인 사건이 일어난 적이 있습니다. 정확하게 말하면 2015년 3월 독일의 저먼윙스Germanwings 여객기를 몰고 가던 안드레아스 루비츠 부기장이 승객을 태운 상태로 자살 비행을 한 사건입니다.

그는 기장이 화장실에 가기 위해 잠시 자리를 비운 사이에 안에서 문을 걸어 잠그고 1만 미터의 죽음의 하강 비행을 하였습니다. 결국 비행기는 프랑스 알프스 산 중턱에 추락하여 150명 탑승객 전원이 목숨을 잃게 되었습니다. 죽고 싶으면 혼자 죽든지 하지 이 얼마나 충격적이고 안타까운 이야기입니까? 여러분이 만약 자신이 탈 비행기가 추락할 비행기라는 사실을 알고 있다면 그 비행기에 타겠습니까? 아마 탈 사람은 아무도 없을 것입니다. 그런데 놀라운 사실은 우리가 타고 있는 이 인생이라는 비행기는 언젠가는 모두 추락한다는 것입니다.

통계적으로 볼 때 인간의 사망률은 100퍼센트입니다. 즉 우리는 모두 자살할 기장이 몰고 있는 비행기를 타고 있는 승객과 같습니다. 죽음에서 벗어날 사람은 아무도 없습니다. 그런데 중요한 것은 우리가 죽고 나면 천국 아니면 지옥 한 곳에 반드시 간다는 것입니다. 그러니 우리가 어디로 갈지 행선지를 제대로 알고 결정한다는 것이 얼마나 중요합니까?

부기장의 자살 비행으로 사람이 150명이 죽었다고 신문에서 난리였지만 사실은 전 세계적으로 보면 매일 25만 명 이상의 사람들이 죽고, 그들은 죽는 순간 천국 아니면 지옥으로 가게 됩니다. 이 얼마나 엄청나고 심각한 이야기입니까?

죽게 되는 사람들이 대부분 천국으로 가게 되면 얼마나 좋겠습니까? 그러나 한 가지 확실한 것은 천국 가는 사람들보다 지옥 가는 사람들이 훨씬 더 많을 것이라는 사실입니다. 그 이유는 성경에서 천국은 좁은 문이고 지옥은 넓은 문이라고 이야기했기 때문입니다. 일반적으로 지옥으로 가는 문은 넓고 길은 평평하고 곧게 뻗어 있습니다. 그리고 화려하고 멋있습니다.

여러분은 뉴욕의 브로드웨이Broadway를 아시지요? 왜 하필 그 길을 '넓은 길'이라는 뜻의 브로드웨이라고 부르는지 모르겠습니다. 참 신기합니다. 브로드웨이에 가 보면 길 한복판에 큰 황소 동상이 있습니다. 마치 구약성경에 여로보암이 나라를 세우고 제일 먼저 송아지 우상을 세운 것 같이 돈과 쾌락과 성공과 명예를 추구하는 월스트리트가 있는 브로드웨이 넓은 길 한복판에 황소가 있는 것이 의미심장합니다.

C. S. 루이스C. S. Lewis가 쓴 『스크루테이프의 편지』에 보면 악마 스크루테이프가 인간을 유혹하는 법을 가르치며 웜우드에게 다음과 같이 말합니다.

"가장 안전한 지옥행 길은 한 걸음 한 걸음 가게 되어 있다. 그것은 경사도 완만하고 걷기도 쉬운데다가, 갈래길도, 이정표도, 표지판도 없는 길이지."[1]

이 말이 무슨 뜻입니까? 우리가 이 세상에 살면서 아무 생각 없이 그냥 그대로 살면 대부분 지옥에 간다는 것입니다. 그리고 그렇게 가기가 너무 쉽다는 것입니다.

대부분의 사람들은 넓은 길을 좋아합니다. 주위 사람들이 모두 그 길로 가고 있기 때문입니다. 그리고 가기도 편하기 때문입니다. 그러나 안타깝게도 그 길의 끝은 지옥으로 향하고 있습니다. 이 사실을 제대로 알고 있는 사람들은 너무나 적습니다.

우리가 아무리 막강한 권력을 가지고 있다 하더라도 혹은 아무리 많은 재력을 가지고 있다고 하더라도 그것이 죽음 이후의 우리의 삶을 보장해 줄 수는 없습니다. 몇 년 전에 신문에 다음과 같은 흥미로운 기사가 나왔습니다.

그것은 우리나라 삼성 그룹을 세운 최고의 재벌인 이병철 씨가 죽기 전에 삶과 죽음의 문제에 대한 심각한 고민을 했다는 것입니다. 기사에 따르면, 고故 이병철 삼성그룹 회장은 1987년 2년째 폐암과 투병 중, 타계하기 한 달 전에 천주교 신부에게 A4용지 다섯 장 분량의 질문지를 전달했다고 합니다.

그 질문지 안에는 기업의 경영에 관한 문제나 돈에 관한 문제는 하나도 없고 인생의 근원적인 문제에 관한 24개의 질문이 있었다고 합니다.

"신神의 존재를 어떻게 증명할 수 있나?"

"신은 왜 자신의 존재를 드러내지 않나?"

"신은 인간을 사랑한다면서 왜 고통과 불행과 죽음을 주었는가?"

"지구의 종말은 오는가?"

이와 같이 A4용지 다섯 장 분량의 질문지에는 그가 느낀 영적 고뇌와 괴로움에 관한 내용들이 가득 차 있었습니다.

물론 이병철 회장은 여기에 대한 답을 얻지 못하고 갔습니다. 그 이유는 그가 이 질문지를 보낸 뒤 급격하게 병세가 악화되어 결국 여기에 대한 답변을 들을 시간도 없이 이 세상을 떠났기 때문입니다. 이 얼마나 안타까운 일입니까? 그래서 여러분은 너무 때가 늦기 전에 우리의 삶과 죽음의 문제에 대한 해답을 얻어 놓아야 합니다. 무엇보다 우리가 죽고 난 뒤에 천국에 갈 수 있도록 자신을 준비시켜 놓아야 합니다. 그것이 가장 지혜로운 행동입니다.

머리가 좋다고 지혜로운 사람이 아닙니다. 인생에서 가장 중요한 죽음의 문제를 해결한 사람이 가장 지혜롭고 똑똑한 사람인 것입니다. 죽음을 앞두고는 통장에 잔고가 얼마나 있는가

하는 것은 그리 중요한 문제가 되지 않습니다. 죽음이 눈앞에 다가왔을 때는 내가 얼마나 대단하고 위대한 사람이었는가 하는 것도 아무 의미가 없습니다. 죽음을 맞이하게 되면 내가 얼마나 인기가 있었고 유명했는가 하는 것도 아무 의미가 없습니다.

내가 집에 보관하고 있는 명품 가방, 최고급 자동차, 멋진 이력과 경력과 명성도 아무 의미가 없습니다. 오직 내가 지금 하나님과 올바른 관계를 맺고 있는가, 내가 죽고 난 뒤에 어디로 갈 것인지가 분명히 정해져 있는가 하는 것만이 의미가 있습니다. 죽음이 우리 앞에 다가오면 그동안 우리가 중요하다고 생각했던 것들이 사실상 아무 의미가 없어집니다. 다만 내가 죽음 이후의 삶에 대한 답을 얻었는가 하는 것이 가장 중요합니다.

우리는 어차피 앞서거니 뒤서거니 하면서 모두 이 땅을 떠날 것입니다. 영원히 이 땅에서 죽지 않고 살아갈 사람은 아무도 없습니다. 이 세상의 삶이 아무리 화려하고 멋있어도 그 삶은 언젠가는 끝이 납니다. 그렇기 때문에 우리는 반드시 천국 가는 방법을 알아야 하고 죽기 전에 천국 시민증을 얻어 놓아야 합니다.

천국에 가는 방법

요한복음에는 천국에 갈 수 있는 방법을 확실히 알려 주는 이야기가 나옵니다. 2,000년 전에 이 땅에 오신 하나님의 아들이신 예수님은 자신이 '천국 가는 길'이라고 이야기했습니다. 다음은 예수님이 하신 말씀입니다.

"너희는 마음에 근심하지 말라 하나님을 믿으니 또 나를 믿으라 내 아버지 집에 거할 곳이 많도다 그렇지 않으면 너희에게 일렀으리라 내가 너희를 위하여 거처를 예비하러 가노니 가서 너희를 위하여 거처를 예비하면 내가 다시 와서 너희를 내게로 영접하여 나 있는 곳에 너희도 있게 하리라 내가 어디로 가는지 그 길을 너희가 아느니라 도마가 이르되 주여 주께서 어디로 가시는지 우리가 알지 못하거늘 그 길을 어찌 알겠사옵나이까 예수께서 이르시되 내가 곧 길이요 진리요 생명이니 나로 말미암지 않고는 아버지께로 올 자가 없느니라." (요 14:1-6)

이 얼마나 놀라운 주장입니까? 천국 가는 방법은 도를 닦는데 있는 것이 아니라 예수 그리스도를 알고 그분을 믿는데 있다는 것입니다. 여기 예수님이 하신 말씀을 자세히 살펴보면 다섯 가지 강조점이 나옵니다.

예수님은 자신이 믿고 신뢰할 수 있는 존재임을 강조하셨습니다

1절에 보면 예수님은 "너희는 마음에 근심하지 말라 하나님을 믿으니 또 나를 믿으라."고 말씀했습니다. 예수님은 자신이 믿고 신뢰할 수 있는 분이심을 강조하십니다. 어떤 위대한 지도자, 위인들도 자신이 믿음의 대상이라고 말한 적이 없습니다. 그러나 예수님은 십자가를 지러 가시는 상황에서도 하나님을 믿듯이 자신을 믿으라고 하십니다.

이것은 주님이 여러분의 인생과 영생의 문제까지 책임져 주실 수 있는 분이라는 사실을 말하는 것입니다. 그러므로 우리는 예수님을 믿게 되면 죽음의 문제 앞에서 두려워하거나 근심할 필요가 없는 것입니다. 이 얼마나 놀라운 이야기입니까?

주님은 천국이 있다는 사실을 강조하셨습니다

2절을 읽어 보겠습니다.

"내 아버지 집에 거할 곳이 많도다 그렇지 않으면 너희에게 일렀으리라 내가 너희를 위하여 거처를 예비하러 가노니."

지금까지 사람들은 사후 세계에 대해 궁금해 했습니다. 그러나 아무도 분명히 말해 줄 수 있는 사람이 없었습니다. 정말 저편의 세계에 있다가 건너 온 분이 없기 때문입니다.
그런데 예수님은 분명히 말씀해 주십니다.
"내 아버지 집에 거할 곳이 많다."
천국이 있다고 자신 있게 말씀해 주시는 것입니다. 심지어는 "그렇지 않으면 너희에게 일렀으리라."고 말씀하십니다. 이 말은 천국이 없다면 미리 이야기해 주었을 것이라는 것입니다. 천국이 있다고 이야기하는 것도 쉽지 않지만 천국이 없다고 이야기하는 것도 쉽지 않습니다. 어떤 경우에든 사후 세계를 꿰뚫어 볼 수 있어야 하기 때문입니다. 우리는 예수님의 이 말씀 때문에 천국이 있다는 것을 확실히 알 수 있습니다.

우리를 위해 거처를 예비해 주신다고 약속하셨습니다

만약 다음 세상에 천국이 있어도 나와 상관없는 천국이면 의미가 없습니다. 그런데 예수님은 내 아버지 집에 거할 곳이 많다고 하십니다. 2절을 다시 읽어 보겠습니다.

"내 아버지 집에 거할 곳이 많도다 그렇지 않으면 너희에게 일렀으리라 내가 너희를 위하여 거처를 예비하러 가노니."

자기 아버지 집이 아무리 비싼 집이어도 그 집의 자녀는 돈 한 푼 내지 않고 들어가서 삽니다. 자신의 아버지 집이기 때문입니다. 예수님은 천국이 자신의 아버지가 있는 집이라고 이야기했습니다. 예수님과 하나님의 친밀성을 말해 줍니다. 이것은 예수님이 이 땅에 인간의 몸으로 왔지만 사실은 하나님의 아들이심을 말해 줍니다.

그러므로 예수님께 천국은 아버지 집이 있는 원래의 고향입니다. 예수님은 그곳에 우리도 함께 있게 해 주겠다고 약속하십니다. 거할 곳을 많이 준비해 놓겠다고 하십니다. 우리도 예수님처럼 천국에 갈 수 있는 근거는 예수 그리스도의 십자가의 희생 때문에 우리가 하나님의 자녀가 되었기 때문입니다. 그래서 이제 천국이 내가 들어갈 수 있는 아버지의 집이 되었습니다.

예수님이 천국 가는 길이라고 이야기합니다

이 세상 어느 누구도, 어떤 위대한 철학자나 종교 지도자도 천국 가는 길을 가르쳐 주지 못했습니다. 그런데 예수님은 자신이 길이라고 이야기합니다. 6절을 읽어 보겠습니다.

"예수께서 이르시되 내가 곧 길이요 진리요 생명이니 나로 말미암지 않고는 아버지께로 올 자가 없느니라."

예수님은 천국 가는 길을 발견했다는 말을 하시지 않습니다. 자신이 천국 가는 길道 자체라고 이야기합니다. 이것을 보면 천국에 가는 것은 어떤 도나 이치를 깨달아서 가는 것이 아니라 예수 그리스도라고 하는 그분을 인격적으로 믿고 받아들일 때 가는 것이라는 사실을 알 수 있습니다.

우리가 달나라를 가고자 한다면 우주선을 탑니다. 그러나 인간이 하나님께 가는 길은 우주선이나 로켓을 타고 가는 것이 아니라 예수 그리스도를 통해 갑니다. 예수님이 우리를 위해 십자가에서 죽어 주셔서 이제 우리와 하나님 사이를 연결해 주셨습니다. 이 사실을 믿고 받아들이는 사람은 죄 용서함을 받고 하나님의 자녀가 됩니다.

예수님은 자신이 유일한 길이라고 이야기합니다

우리는 예수님의 주장을 통해 예수님만이 천국 가는 유일한 길이라는 사실을 알 수 있습니다. 6절에 "예수께서 이르시되 내가 곧 길이요 진리요 생명이니 나로 말미암지 않고는 아버지께로 올 자가 없느니라."고 되어 있습니다. 여기서 예수님이 길이라고 할 때 'the way'라고 되어 있습니다.

영어에서는 유일무이한 것에만 'the'를 붙입니다. 그러므로 예수님의 이 주장은 예수님이 천국에 갈 수 있는 여러 방법 중 하나가 아니라 천국 가는 유일한 길이라는 것을 말씀하는 것입니다. 실제로 예수님은 "나로 말미암지 않고는 아버지께로 올 자가 없느니라."고 말씀하셨습니다.

이것 때문에 사람들이 기독교를 싫어합니다. 자신들에게만 구원이 있다고 말한다고 싫어합니다. 배타적이라고 합니다. 그러나 이것은 예수님의 교만에서 나온 말이 아닙니다. 만약 십자가 외에 인간과 하나님 사이를 연결하는 다른 방법이 있었다면 예수님은 십자가 위에서 죽지 않았을 것입니다.

죄 많은 인간이 거룩하신 하나님께 나아가는 길은 십자가를 통한 죄 용서의 길 밖에 없습니다. 그렇기 때문에 예수님이 그렇게 말씀하신 것입니다. 우리는 이 사실을 분명히 믿어야 합니다.

예수 그리스도는 분명히 유대인으로서 유대 땅에서 태어나서 유대 땅에서 돌아가신 분입니다. 그러나 그분이 전 세계 모든 인류의 구세주가 되실 수 있는 이유는 성경에 예언된 대로 태어나서 살아가시다가 성경에 예언된 대로 죽으시고 삼 일 만에 부활하셨기 때문입니다. 예수님의 죽음과 부활 그리고 부활에 대한 역사적 증거들은 그분이 우리 죄를 위해 죽으신 하나님의 아들이심을 증거합니다. 여기에 대해 존 파이퍼 John Stephen Piper 목사님은 다음과 같이 말합니다.

"십자가의 순종으로 이루어진 그리스도의 사역은 인류 전체가 겪는 곤경에 대한 하나님의 응답으로 제시되고 있습니다. 십자가는 아담을 통해 모든 인류에게 닥친 정죄를 해결해 주는 많은 길 가운데 한 가지 방법으로 제시된 것이 아닙니다. 그리스도 예수 한 사람의 순종은 인류 전체의 타락에 대한 하나님의 응답입니다."[2]

다음의 성경구절이 그 사실을 증거합니다.

"사망이 한 사람으로 말미암았으니 죽은 자의 부활도 한 사람으로 말미암는도다 아담 안에서 모든 사람이 죽은 것 같이 그리스도 안에서 모든 사람이 삶을 얻으리라."(고전 15:21-22)

아담 한 사람으로 인해 모든 인류에게 죽음이 찾아왔듯이 이제 예수 그리스도 한 분의 희생과 부활로 인해 그를 믿는 모든 사람들에게 새 생명이 주어진 것입니다.

천국 가기를 사모하십시오

우리가 언젠가는 이 세상을 떠날 수밖에 없다는 사실을 기억한다면 이 세상에 살고 있을 때 천국에 들어갈 자격을 얻어 놓는 것만큼 중요한 일은 없을 것입니다. 오늘날 많은 사람들이 미국이나 영국과 같은 선진국에 들어가기 위해 밀입국을 하고 난리를 칩니다. 그러나 미국이나 영국보다 비교가 안 되게 더 좋은 천국에 들어가기 위해 노력하는 사람들은 별로 없습니다.

2015년 6월 18일 영국 히드로 공항Heathrow Airport에서 일어난 사건입니다. 이 공항에 착륙한 보잉 747기 기체를 살펴보던 관계자들은 이착륙 장치에 한 남성이 매달려 있는 것을 발견했습니다. 이 남성은 여기에 매달려 남아프리카공화국에서 영국까지 무려 1만 2,875km가 넘는 거리를 날아 밀항을 시도한 것입니다. 남성은 무의식 상태였지만 다행히 공항 관계자에 의해 발견되어 런던 병원으로 이송돼 치료를 받을 수 있었습니다.

그런데 안타까운 것은 같은 날 런던 서부 지역 리치몬드 한 상가 건물 옥상에서 한 남성이 숨진 채 발견되었다는 사실입니다. 영국의 수사 당국은 이 남성이 앞서 발견된 밀항자와 함께 항공기에 매달려 있던 것으로 추정된다고 밝혔습니다. 항공기 항로로 미루어 볼 때 남성은 착륙을 위해 하강 중이던 비행기가 고도 427m 상공에 이르렀을 때 떨어진 것으로 보고 있습니다.

이 얼마나 안타깝고 비참한 일입니까? 사람들이 천국에 가기 위해 이 사람들의 십분의 일만이라도 노력하면 얼마나 좋을까요? 하나님께서 예수 그리스도를 통해 천국 갈 수 있는 길을 활짝 열어 놓으셨는데 이 사실을 알지 못해 천국에 들어가지 못하고 지옥으로 떨어진다면 얼마나 안타까운 일입니까?

성경은 분명히 말합니다.

"진실로 진실로 너희에게 이르노니 믿는 자는 영생을 가졌나니."(요 6:47)

이 말은 예수님이 하신 말씀입니다. 그러므로 이 말은 예수님을 믿으라는 말입니다. 예수님을 믿으면 영원한 생명인 영생, 즉 천국을 주시겠다는 말입니다. 이 얼마나 쉽고 단순한 방법입니까? 그러므로 이 사실을 알지 못해 지옥 간다면 얼마나 억울하겠습니까?

예수님은 이미 천국에 가셔서 멋진 집을 준비해 놓으시고 우리를 기다리고 계십니다. 그리고 우리가 천국에 와서 예수님이 준비해 놓으신 온갖 선물들을 보고 기뻐하는 모습을 보기 원하십니다. 여러분, 부모가 한번 되어 보십시오. 부모는 멋있는 선물이 있으면 아이에게 보여 주고 아이가 환호성을 지르는 모습을 보고 싶어 합니다. 크리스마스 선물을 준비하면서 부모는 아이가 그 선물을 받을 때의 얼굴 표정을 보고 싶어 합니다. 그러므로 크리스마스 선물을 미리 다 보여 주는 부모는 없습니다. 마찬가지로 하나님께서 성경에 천국의 모습에 대해 자세히 적어 놓지 않으신 이유는 우리가 깜짝 놀라는 모습을 보고 싶기 때문이라고 저는 생각합니다.

예수님이 하신 기도에 다음과 같은 말이 있습니다.

"아버지여 내게 주신 자도 나 있는 곳에 나와 함께 있어 아버지께서 창세 전부터 나를 사랑하시므로 내게 주신 나의 영광을 그들로 보게 하시기를 원하옵나이다."(요 17:24)

예수님은 우리가 주님과 함께 있게 되기 위해 기도하셨습니다. 그리고 또한 우리가 천국에 가서 예수님께 주어진 하나님의 영광을 보게 되기를 원하신다고 말씀하셨습니다. 예수님의 영광은 상상만 해도 엄청납니다. 성경은 예수님을 통해 만물이 만들어졌다고 이야기합니다. 그런데 예수님의 영광을 반사하는 이 세상과 우주도 이렇게 아름다운데 그것을 만드신 예수님의 영광은 얼마나 눈이 부시게 아름답겠습니까!

우리가 천국 문 앞에 들어갈 때 예수님께서 기다리고 계실 것입니다. 그리고 천성 문으로 들어오면서 예수님과 천국의 영광을 보고 감탄의 소리를 지르는 모습을 주님께서 지켜보시면서 너무나 흐뭇해하실 것입니다. 이 사실을 생각할 때 우리는 이 땅의 어떤 고난과 어려움도 믿음으로 이겨 낼 수 있습니다.

여러분, 어떤 인생이 가장 지혜로운 인생입니까? 이 땅의 것이 전부인 줄 알고 하나라도 더 움켜쥐려고 아등바등하다가 홀연히 사라지는 인생은 결코 지혜로운 인생이 아닙니다. 천국을 준비하는 인생이 지혜로운 것입니다. 오늘날은 여러 가지 사건 사고가 많은 시대입니다. 우리는 한 순간에 영원으로 초대 받을 수 있습니다. 그러므로 기회가 될 때 영원을 미리 준비하는 것이 가장 지혜로운 사람입니다. 천국은 지금 여기에서 준비할 수 있습니다. 지금 여기에서 바로 영원을 준비하십시오!

천국은 어떤 곳인가?

HEAVEN

우리가 죄의 저주 아래 사는 동안 이 세상에서 알았던
그 어떤 즐거움도 천국의 순전한 기쁨에 비하면 사소하고,
하찮은 유희일 뿐이다.

-존 맥아더-

죽음에 대한 답이 있는가?

지난 수천 년 동안 세상 사람들이 가장 궁금해 했던 질문이 무엇일까요? 그것은 인간은 죽으면 어디로 가는가 하는 것입니다. 그런데 이 질문에 대한 답을 찾는 것이 결코 쉽지가 않습니다. 왜냐하면 죽음 이후의 세계는 인간의 경험의 영역을 벗어나는 부분이기 때문입니다. 그러므로 아무리 컴퓨터가 발달하고 과학 문명이 발달해도 인간의 지적 능력이나 인식의 능력의 한계 바깥에 있는 사후 세계에 대해서는 그 어느 누구도 분명하게 이야기해 줄 수 없습니다. 유사 이래로 수많은 철학자들과 종교인들이 여기에 대한 답을 찾아보려고 노력했지만 만족할 만한 답변을 내놓은 사람은 아무도 없었습니다. 우주 탐사에 관한 SF 영화 중에 아주 유명한 것으로 "인터스텔라"$_{\text{Interstellar}}$라는 영화가 있습니다.

"우리는 답을 찾을 것이다. 늘 그랬듯이."

듣기에는 아주 멋있는 말이지만 인간의 노력으로 답을 찾을 수 없는 영역도 있다는 사실을 알아야 합니다. 바로 죽음에 관한 문제입니다.

그러다 보니 사람들이 답을 찾지 못하니까 엉뚱한 답을 자꾸 정답인 것처럼 내놓는 경우가 많이 있습니다. 미국을 대표하는 현대 철학자로 불리는 셸리 케이건 Shelly Kagan 교수라는 사람이 있습니다. 이 사람의 죽음에 대한 강의는 예일대학교에서 17년 연속 최고의 명 강의로 손꼽힙니다.

  그는 자신의 강의를 정리하여 『죽음이란 무엇인가』라는 책을 썼는데 500페이지가 넘는 이 책의 결론은 '인간에게 영혼은 존재하지 않으며 죽음은 모든 것의 끝을 의미한다.'는 것입니다. 그러면서 그는 인간은 단지 '자유의지를 갖고 있는 기계'에 불과하다고 주장합니다. 그러므로 인간의 죽음이라는 것은 기계처럼 점점 낡아져서 결국 고장나고, 어느 날 쓸모없이 되어 버리는 것에 불과하다는 것입니다. 이런 말도 안 되는 강의가 예일대학교 최고의 명 강의라고 하니 정말 기가 막힙니다. 아무리 탁월한 교수도 모르는 것은 어쩔 수 없는 것입니다. 자기가 죽음 이후의 세계에 가 보지 않았으니 어떻게 알겠습니까? 그러면 모르면 모른다고 해야 하는데 아는 척하면서 진리인 양 가르치니 이것이 문제입니다.

이는 철학자만의 문제가 아닙니다. 요즘 우리나라에 뜨고 있는 B 스님이라고 하는 유명한 스님이 있습니다. 이분은 "즉문즉설"이라고 해서 질문을 받으면 그 자리에서 답변하는 식으로 강연을 다니는데 전국을 다니면서 일 년에 수백 번의 강연을 합니다.

이분이 너무 유명하다보니 포털 사이트 다음Daum에도 이분에게 한 질문과 답변이 올라온 적이 있는데 한번은 죽음의 문제에 관한 질문이 올라온 적이 있습니다. 그런데 거기에 대한 답변은 제가 생각하는 것과는 너무나 달랐습니다.

"질문자: 죽음을 앞두고 힘들어하는 친구에게 좋은 말을 해 주고 싶은데, 어떤 말이 좋은지, 마음 편하게 떠날 수 있도록 스님의 좋은 말씀 부탁드립니다."

여기에 대한 B 스님의 답변을 요약해서 인용해 보면 다음과 같습니다.

"B 스님: 친구가 건강이 안 좋고 아프면, 그냥 친구가 건강이 안 좋고 아프구나 하고 보면 되지 왜 꼭 무슨 말을 해 줘야 되지요? 그냥 친구 병문안 가서 오늘 숨이 넘어간다 하더라도 손을 잡고 옛날 어릴 때 얘기도 나누고 재밌게 대화하면 되지 내가 뭘 위로해 줘야 된다는 부담감을 갖지 마세요. 죽음을 준비한다느니 죽음을 어떻게 한다느니 이런 게 다 어리석은 생각입니다. 친구한테 가서 '오랜만이다. 잘 지냈나? 괜찮지?' 이러고 그냥 평상시처럼 지내면 돼요. 그것이 가장 큰 위로입니다."

자, 이게 그 스님의 대답입니다. 왜 이런 대답이 나올 수밖에 없을까요? 그것은 이분이 죽음 이후에 천국과 지옥이 있다는 사실을 분명하게 인식하지 못하고 있기 때문입니다. 그러니 그냥 마음 편하게 죽게 만드는 것이 친구에게 해 줄 수 있는 가장 좋은 행동이라고 생각하는 것입니다.

그러나 만약 죽음 이후에 다른 세계가 있다면 어떻게 되는 것입니까? 그리고 죽고 나서 모든 사람의 운명이 똑같이 되는 것이 아니고 어떤 사람은 아주 좋은 곳으로 가고 어떤 사람은 아주 고통스러운 곳으로 간다면 어떻게 되는 것입니까?

그렇다면 종교인으로서 B 스님의 답변은 너무나 무책임한 답변이 되지 않겠습니까? 사실상 우리가 죽어가는 친구에게 해 줄 수 있는 가장 좋은 일은 그 친구가 죽음 이후에 고통의 장소로 가지 않도록 도와주는 것입니다.

예일대학교의 명 강사인 셸리 케이건 교수나 최고의 스타 강사인 B 스님이 이 부분에 도움을 줄 수 없는 이유는 죽음 이후의 문제는 오로지 인간의 생명을 만드시고 때가 되면 생명을 취해 가시는 하나님만이 답변할 수 있는 영역이기 때문입니다.

만약 하나님이 알려 주지 않으신다면 우리는 죽음 이후의 세계에 대해서 영원히 답을 알 수 없습니다. 그런데 참으로 감사하게도 하나님께서는 우리에게 성경을 주셨습니다. 성경은 머리가 좋은 종교적인 천재들이 모여서 의논하고 토론해서 만든 책이 아닙니다. 하나님의 계시로 주어진 책입니다. 그래서 이 성경은 인간의 사후 세계에 관한 정확한 정보를 줄 수 있습니다. 그러니 이 얼마나 감사한 일입니까?

성경에는 죽음 이후의 세계에 대한 내용이 분명하게 나옵니다. 특별히 죽음 이후에 의인이 가는 곳과 악인이 가는 곳이 분명히 있다는 사실을 명확하게 이야기해 줍니다.

죽음 이후의 삶을 표현하는 말로 구약성경에 나오는 가장 중요한 말은 히브리어로 '스올' Sheol 이라는 말입니다. 이 스올은 구약에 65번이나 등장합니다. 영어 성경에는 그 단어가 '지옥'이나 '무덤' 혹은 '구덩이'라는 단어로 번역되었습니다. 이렇게 번역이 다양하게 되어서 스올의 의미가 무엇인지에 대한 혼동이 생기게 되었습니다.³ 구약성경에 나오는 이 스올이라는 곳은 죽은 영들이 거하는 지하 세계를 지칭하는 말로서 이 스올도 두 곳으로 나누어집니다. 바로 의인이 가는 스올과 악인이 가는 스올입니다. 우리가 잘 아는 믿음의 조상들이 간 곳도 스올입니다.

야곱은 자신의 아들 요셉이 죽었다는 소식을 듣고 다음과 같이 말했습니다.

"그의 모든 자녀가 위로하되 그가 그 위로를 받지 아니하여 이르되 내가 슬퍼하며 스올로 내려가 아들에게로 가리라 하고 그의 아버지가 그를 위하여 울었더라."(창 37:35)

야곱은 하나님을 믿는 사람이었지만 자신이 스올로 내려간다고 표현했습니다. 그러면서 그는 자신의 아들 요셉도 스올에 있을 것이라고 믿었습니다. 이 스올은 신약성경에는 '하데스' Hades라고 번역됩니다. 구약이 히브리어로 되어 있기에 이를 헬라어로 번역하는 과정에서 스올을 하데스라고 번역한 것입니다. 그러므로 스올과 하데스는 같은 뜻입니다.

죽은 자들의 영역을 지칭하는 이 하데스는 한국어로 '음부'라고 번역되어 있는데 이 하데스가 두 곳으로 나뉘어 있다는 사실은 예수님이 하신 나사로와 홍포 입은 부자 이야기에서 분명하게 나타납니다.

"이에 그 거지가 죽어 천사들에게 받들려 아브라함의 품에 들어가고 부자도 죽어 장사되매 그가 음부에서 고통중에 눈을 들어 멀리 아브라함과 그의 품에 있는 나사로를 보고 불러 이르되 아버지 아브라함이여 나를 긍휼히 여기사 나사로를 보내어 그 손가락 끝에 물을 찍어 내 혀를 서늘하게 하소서 내가 이 불꽃 가운데서 괴로워하나이다 아브라함이 이르되 얘 너는 살았을 때에 좋은 것을 받았고 나사로는 고난을 받았으니 이것을 기억하라 이제 그는 여기서 위로를 받고 너는 괴로움을 받느니라 그뿐 아니라 너희와 우리 사이에 큰 구렁텅이가 놓여 있어 여기서 너희에게 건너가고자 하되 갈 수 없고 거기서 우리에게 건너올 수도 없게 하였느니라."(눅 16:22-26)

여기에 보면 거지와 부자가 죽어 각각 음부로 갔는데 그곳에서 부자는 고통을 받고 거지 나사로는 아브라함의 품에 안겨 쉬고 있습니다. 같은 음부인데도 두 곳으로 나뉘고 한 곳은 고통의 장소이고 한 곳은 안식의 장소입니다. 그리고 이 두 사이에는 큰 구렁텅이가 있어서 서로 건너가는 것이 불가능합니다.

여기서 의문이 생기는 것은 거지 나사로가 하나님을 믿고 죽었다면 천국으로 가야 하는데 음부는 무엇이고 천국은 무엇인가 하는 생각이 들 수 있습니다. 여기에 대해 학자들 간에 약간의 의견 차이는 있지만 구약 시대에 하나님을 믿는 사람들이 갔던 곳은 천국이 아닌 음부라고 보는 견해가 많습니다. 그래서 하나님의 품이 아닌 아브라함의 품이라는 단어를 쓴 것입니다.

그렇다면 지금 그리스도인들은 죽으면 어디로 갈까요? 이 음부로 가게 될까요? 그렇지 않습니다. 우리가 죽으면 곧바로 하나님이 계신 천국으로 갑니다. 그리고 주님과 함께 있게 됩니다. 그래서 바울은 자신의 죽음에 대해 다음과 같이 말했습니다.

"우리가 담대하여 원하는 바는 차라리 몸을 떠나 주와 함께 있는 그것이라."(고후 5:8)

바울은 자신이 몸을 떠나자마자 곧바로 주님 곁에 있게 됨을 믿었습니다. 음부가 아닌 주님이 계신 천국에 가게 되는 것으로 믿었다는 것입니다. 그렇다면 믿는 사람들이 가는 장소가 어떻게 이렇게 달라졌을까요? 여기에 대해서는 예수님께서 죽으시고 음부에 내려가셔서 부활 승천하시면서 음부에 있던 성도들을 모두 데리고 천국으로 올라가셨다고 보는 견해가 지배적입니다.

그 결과 예수님의 부활 이후에 예수 그리스도를 믿는 사람들은 죽음 이후에 곧바로 하늘나라로 올라가서 예수님과 함께 있게 되는 것입니다. 구약의 성도들이 머물러 있던 하데스, 즉 음부는 사라졌습니다. 그러나 음부 전체가 사라진 것은 아닙니다. 의인들이 있던 음부만 사라졌습니다. 구렁텅이 너머에 있는 악인들이 있는 음부는 지금도 남아 있습니다. 그래서 이제 음부에는 오로지 불신자들만 들어가 있는 것입니다. 이 음부도 나중에는 불못으로 들어가게 됩니다. 성경에 따르면 마지막 백보좌 심판 후에 이 음부는 영원한 불못에 던져지게 되기 때문입니다.

"사망과 음부도 불못에 던져지니 이것은 둘째 사망 곧 불못이라."(계 20:14)

음부도 지금 고통의 장소이니 일종의 지옥이라고 말할 수 있겠지만 사실은 이 불못이 완전한 지옥입니다. 다시는 빠져나올 수 없는 고통의 장소입니다.

천국에 대한 진실 세 가지

우리가 사후 세계가 있다는 사실과 천국과 지옥이 있다는 사실을 알 수 있다는 것은 대단한 일입니다. 이것 하나만으로도 여러분은 지금 이 세상 최고의 철학자나 종교인보다 더 놀라운 영적 지식을 소유하게 된 것입니다. 이것을 알게 된 것 자체가 하나님의 은혜입니다.

그러므로 천국과 지옥이 있다는 사실을 여러분이 알게 되었다면 그저 마음 편하게 잘 죽는 것이 인생의 목적이 되어서는 안 될 것입니다. 죽음 이후에 천국에 갈 수 있도록 자신을 준비시키고 최대한 많은 사람들을 천국으로 같이 데리고 가는 것이 인생의 가장 중요한 목적이 되어야 할 것입니다. 성경을 자세히 살펴보면 천국에 대해 말하고 있는 중요한 세 가지 관점이 있습니다.

천국은 실제이다

천국은 실제입니다. 성경은 천국이 추상적인 공간이나 저 너머에 있는 환상의 세계인 것처럼 묘사하지 않습니다. 성경은 천국을 너무나 생생한 실제적인 장소로 묘사합니다. 그리고 실제로 천국은 우리와 멀리 떨어져 있지도 않습니다. 우리가 어느 순간에 이 땅을 떠날지 알 수가 없지만 이 땅을 떠나는 바로 그 순간 1분도 안되어 저 세상으로 넘어갈 것입니다. 그러면 그곳에서 생생한 천국의 세계가 실존함을 알게 될 것입니다.

천국이 실제적인 장소라면 여러분들은 천국에 대해 관심을 가져야 하고 천국에 대해 알 수 있는 모든 것을 알고자 노력해야 합니다. 왜냐하면 우리는 그곳에서 영원히 살 것이기 때문입니다. 일반적으로 사람들이 다른 나라로 이민을 가려고 해도 그곳에 대해 자세히 알아보고 조사해 볼 것입니다. 왜냐하면 본인이 남은 인생동안 살아야 하는 곳이기 때문입니다. 그렇다면 영원히 살 곳인 천국에 대해서는 당연히 더 많은 관심을 가지고 더 많이 알아보려고 해야 하지 않겠습니까.

이런 이야기가 있습니다. 남북전쟁이 일어나기 전, 남부의 어떤 신사는 신앙심 깊은 노예를 데리고 있었습니다. 그런데 그 신사가 죽게 되었고 사람들은 그가 하늘나라에 갔다고 노예에게 말했습니다. 그러자 그 늙은 노예는 머리를 갸우뚱 거리며, "글쎄요, 거기 가신 것 같지는 않은데요"라고 말했습니다. 사람들이 깜짝 놀라서 왜 그렇게 생각하느냐고 물으니 그는 다음과 같이 대답했다고 합니다.

"주인님은 북부에 가실 때나 스프링스로 여행을 떠나실 때는 오랫동안 그곳에 대해 말하면서 준비하셨지요. 그런데 천국에 가는 것에 대해 이야기하시는 것은 한 번도 들어본 적이 없어요. 그곳에 가는 준비를 하시는 것을 결코 본적이 없는 걸요!"[4]

천국에 대해 관심도 없고 천국에 대해 한 번도 이야기해 보지 않은 사람이 과연 죽으면 천국에 갈 수 있을까요? 스스로 한 번 질문해 보아야 합니다. 천국은 너무나 실제적인 장소이고 성경에 분명히 묘사되어 있는 장소입니다. 그러므로 우리 모두는 천국에 갈 수 있도록 준비해야 합니다.

누구나 다 천국에 가는 것은 아니다

누구나 다 천국에 가는 것은 아닙니다. 이것은 정말 중요하고 두려운 사실인데 이 사실을 잘 모르는 사람들이 너무나 많습니다. 사람들은 일반적으로 웬만하면 자신은 천국에 들어갈 것이라고 생각하는 경향이 있습니다.

실제로 여론 조사에 따르면 121명의 사람들이 있다면 그중에 자신이 지옥에 간다고 믿는 사람은 단 1명이고 나머지 120명의 사람들은 자신들이 천국에 간다고 믿는다고 합니다.[5]

이것은 성경의 가르침과는 너무나 큰 대조를 이룹니다. 대부분의 사람들이 자신이 천국에 간다고 믿는 반면에 예수님은 대부분의 사람이 천국에 가지 못한다고 말씀하십니다. 성경에 보면 예수님이 바리새인들을 혹독하게 꾸짖는 내용이 나옵니다. 그런데 그들이 특별히 나쁜 사람들이었던 것이 아니었습니다. 객관적으로 볼 때 당시 유대교에서 가장 경건하고 종교적이고 성실한 사람들이었습니다. 문제는 그들이 자신들이 가지고 있는 그런 종교적인 수준으로 하나님께 받아들여질 수 있을 거라고 착각하며 교만했다는 것이었습니다.

어쨌든 바리새인들이 요즘 신문 지상에 오르내리는 엽기범이나 연쇄 살인범처럼 악한 사람들은 아니었습니다. 그렇다면 바리새인들의 죄를 지적하시는 예수님의 의도는 무엇입니까? 바리새인들조차도 천국에 갈만큼 충분히 선하지 않다는 사실을 지적하고자 하시는 것입니다. 그리고 그들이 그것을 알기를 원하시는 것입니다.

실제로 예수님은 이런 말씀을 하셨습니다.

"내가 너희에게 이르노니 너희 의가 서기관과 바리새인보다 더 낫지 못하면 결코 천국에 들어가지 못하리라."(마 5:20)

이것은 두려운 말씀입니다. 바리새인처럼 신앙적으로 살기도 결코 쉽지 않은데 이런 사람도 충분히 선하지 않다고 한다면 그 누가 하나님 앞에서 자기 의를 자랑하며 천국에 갈 수 있을 것이라고 자신할 수 있겠습니까?

이 말씀뿐만이 아닙니다. 이 정도 말을 듣고도 정신 못 차릴 사람들을 위해 예수님은 더 엄청난 말씀을 준비해 놓으셨습니다.

"옛 사람에게 말한 바 살인하지 말라 누구든지 살인하면 심판을 받게 되리라 하였다는 것을 너희가 들었으나 나는 너희에게 이르노니 형제에게 노하는 자마다 심판을 받게 되고 형제를 대하여 라가라 하는 자는 공회에 잡혀가게 되고 미련한 놈이라 하는 자는 지옥 불에 들어가게 되리라."(마 5:21-22)

평생토록 살인죄 한번 저지르지 않았다고 좋아할 일이 아니라는 말입니다. 사람을 무시하고 함부로 대하고 욕하는 것도 살인죄와 같은 죄라는 것입니다. 그뿐 아닙니다. 이런 말씀도 하셨습니다.

"또 간음하지 말라 하였다는 것을 너희가 들었으나 나는 너희에게 이르노니 음욕을 품고 여자를 보는 자마다 마음에 이미 간음하였느니라."(마 5:27-28)

이 부분은 남성들에게 대단히 불리한 말씀입니다. 남성은 보는 것으로 시험에 드는 경향이 많이 있기 때문입니다. 그러나 여성도 안심할 것이 못됩니다. 성경에는 이런 말씀도 있습니다.

"누구든지 나를 믿는 이 작은 자 중 하나를 실족하게 하면 차라리 연자 맷돌이 그 목에 달려서 깊은 바다에 빠뜨려지는 것이 나으니라."(마 18:6)

시험에 드는 남자들도 문제지만 시험에 들게 만드는 여자들이 있다면 그 사람도 문제가 됩니다. 그래서 자매님들도 스스로 자신을 돌아보며 조심해야 합니다.

어쨌든 이렇게 겉으로 드러난 죄뿐만 아니라 마음속에서 짓는 죄까지 모두 심판의 대상이라면 도대체 그 누가 하나님 앞에 설 수 있겠습니까? 그러므로 사실 누군가가 천국에 갈 수 있게 되었다면 그것 자체가 기적인 것입니다. 그러나 하나님은 이 놀라운 기적을 행하셨습니다.

천국에 갈 수 있는 방법을 하나님께서 주셨다

세 번째로 중요한 것은 천국에 들어갈 수 있는 방법을 하나님께서 주셨다는 사실입니다. 성경은 다음과 같이 말합니다.

"하나님이 세상을 이처럼 사랑하사 독생자를 주셨으니 이는 그를 믿는 자마다 멸망하지 않고 영생을 얻게 하려 하심이라 하나님이 그 아들을 세상에 보내신 것은 세상을 심판하려 하심이 아니요 그로 말미암아 세상이 구원을 받게 하려 하심이라."(요 3:16-17)

하나님이 인간을 사랑하셔서 자신의 아들을 주시어 구원의 방법을 주셨다는 사실에 대해 우리는 놀라고 감사해야 합니다. 하나님의 아들이신 예수님께서 여러분을 너무나 사랑하셔서 여러분 없이 천국에 사시기보다 지옥의 고통을 당하기로 작정하셨습니다. 그분은 우리가 지옥에 가지 않기를 그토록 원하셨기 때문에 십자가를 지시고 지옥의 고통을 맛보셨습니다.

중요한 것은 그 사실을 믿고 받아들여야 한다는 것입니다. 그러면 우리의 이름이 생명책에 기록이 되고 천국에 들어갈 자격을 얻게 됩니다. 성경에 이런 말씀이 있습니다.

"무엇이든지 속된 것이나 가증한 일 또는 거짓말하는 자는 결코 그리로 들어가지 못하되 오직 어린 양의 생명책에 기록된 자들만 들어가리라."(계 21:27)

실제로 고대 도시국가에서는 성 안에 살고 있는 시민들의 명단이 있었다고 합니다. 그 이유는 나쁜 사람들이 들어가지 못하게 하기 위해서였습니다. 그래서 문지기는 도시의 성문에 서서 이 명단과 사람들의 이름을 일일이 대조하여 범죄자와 적군을 물색했다는 것입니다.[6]

우리가 천국에 들어가기 위해서도 마찬가지입니다. 우리의 이름이 생명책에 기록되어 있지 못하면 천국에 들어갈 수가 없습니다. 막연히 어떻게 되겠지 하고 생각하다가는 큰 낭패를 당하게 됩니다. 랜디 알콘 Randy Alcorn 은 자신의 책 『헤븐』에서 루산나 메츠거의 일화를 소개합니다. 그녀의 이야기는 자신의 이름이 책에 기록되는 것이 얼마나 중요한 것인지를 생생하게 보여 줍니다.

성악가 루산나 메츠거는 어느 갑부의 결혼식에 축가를 불러 달라는 초청을 받았습니다. 그녀는 거기서 아름다운 축가를 불렀습니다. 식이 끝나자 하객들은 미국 북서부에서 가장 높은 시애틀의 콜롬비아 타워 맨 위층에 마련된 피로연 장소를 향해서 승강기를 타고 올라갔습니다. 먼저 신랑과 신부가 연회장으로 연결된 계단을 올라가자 하객들이 잇따랐습니다. 루산나와 그녀의 남편은 멋진 연회에 참석한다는 생각에 마음이 들떴습니다.

그들이 계단 맨 위에 도달하자 지배인이 제본된 책을 들고서 하객들에게 인사를 하고 있었습니다.

"존함이 어떻게 되십니까?"

"저는 루산나 메츠거이고 이쪽은 저의 남편 로이입니다."

지배인이 M자가 있는 곳을 찾았습니다. 그러면서 다음과 같이 말했습니다.

"이름을 찾을 수가 없습니다. 이름의 철자를 말씀해 주시겠습니까?"

루산나는 자기 이름의 철자를 천천히 말해 주었습니다. 책을 찾아 본 뒤에 지배인은 그녀를 쳐다보며 말했습니다.

"죄송합니다만 당신의 이름이 여기에 없군요."

"뭔가 착오가 있는 것 같습니다. 저는 성악가입니다. 저는 아까 이 결혼식에서 축가를 불렀습니다."

지배인은 말했습니다.

"당신이 누구이고 어떤 일을 했던 간에 상관이 없습니다. 이 책에 당신의 이름이 없으면 당신은 연회에 입장할 수 없습니다."

그는 웨이터를 손짓으로 불러 말했습니다.

"이분들께 특별 엘리베이터를 안내해 드리게."

메츠거 부부는 웨이터를 따라 아름답게 장식된 식탁과 새우, 통째로 훈제한 연어, 멋있게 깎은 얼음 조각상들을 지나갔습니다. 연회장에는 오케스트라가 연주를 준비하고 있었고 샴페인이 터지고 있었습니다. 웨이터는 두 사람을 특별 엘리베이터로 안내해서 그들을 태운 다음 지하 주차장이 있는 단추를 눌렀습니다.

말없이 자신들의 차를 타고서 한참을 달려 간 후에 남편은 아내에게 물었습니다.

"여보, 어떻게 된 거요?"

"초대장을 받았을 때 저는 너무 바빴어요. 파티에 참석할 의사가 있으면 반드시 연락을 해 달라는 말에 그만 신경을 쓰지 않앉어요. 게다가 저는 축가를 부르잖아요. 저는 답신을 보내지 않아도 당연히 피로연에 참석할 수 있을 거라고 생각했어요."

그러면서 루산나는 울기 시작했습니다. 그가 운 이유는 자신이 지금까지 초대받은 최고로 화려한 파티를 놓쳤다는 아쉬움도 컸지만 동시에 갑자기 어떤 중요한 사실이 그녀의 마음을 찌르며 깨달음을 주었기 때문이었습니다. 그것은 어느 날 갑자기 사람들이 하나님 앞에 섰는데, 그들의 이름이 생명책에 기록되지 않은 것을 발견했을 때의 그 당황스러움은 어떠할까 하는 것을 순간적으로 이해할 수 있었기 때문이었습니다.[7]

많은 사람들이 인생에서 여러 차례 그리스도의 초청장을 받습니다. 그러나 그들은 바쁘다는 핑계로 거기에 대해 응답하지 않습니다. 그들은 자신들이 교회에서 하는 모든 선행이 자신들을 구원해 줄 수 있을 것으로 착각합니다. 그 결과 그들은 예수 그리스도의 초청에 분명하게 응답하여 자신의 이름을 하늘 생명책에 기록할 기회를 놓친 상태로 죽게 됩니다. 그리하여 죽음 이후에 비극적인 결말을 맞게 됩니다. 응답을 미루지 마십시오.

"이르시되 내가 은혜 베풀 때에 너에게 듣고 구원의 날에 너를 도왔다 하셨으니 보라 지금은 은혜 받을 만한 때요 보라 지금은 구원의 날이로다." (고후 6:2)

구원의 기회를 미루지 마십시오.

"누구든지 주의 이름을 부르는 자는 구원을 받으리라." (롬 10:13)

주님의 이름을 부르고 주님의 구원의 초청에 응답하십시오.

천국은 어떤 모습인가?

많은 사람들이 천국의 모습에 대해 궁금해합니다. 일단 천국은 우리의 상상을 초월하는 너무나 멋지고 놀라운 곳이라는 사실을 부정할 사람은 없을 것입니다. 성경에는 다음과 같은 말씀이 있습니다.

"기록된 바 하나님이 자기를 사랑하는 자들을 위하여 예비하신 모든 것은 눈으로 보지 못하고 귀로 듣지 못하고 사람의 마음으로 생각하지도 못하였다 함과 같으니라."(고전 2:9)

하나님이 우리를 위해 예비해 놓으신 천국은 우리의 상상을 뛰어넘습니다. 그래서 사실 인간의 말로 표현하기가 어렵습니다. 그래서 존 번연은 천국의 영광에 대해 다음과 같이 표현하였습니다.

"인간은 세상의 모든 돌이 광채가 나는 진주로 바뀌고 모든 풀잎이 귀하고 찬란한 보석으로 바뀌는 것을 상상할 수 있다. 흙먼지 하나하나가 은으로 바뀌고 온 땅이 순금 덩어리로 바뀌는 것을 생각할 수 있다. 공기가 수정으로, 별이 태양으로 바뀌고, 태양이 지금보다 몇 천 배 더 크고 멋있어지는 것을 마음에 그려 볼 수 있다. 그럴지라도 이런 것들은 지극히 높으시고 영원하신 하나님, 신묘막측한 솜씨로 세상의 기묘한 것들을 지어 놓으신 분이 당신을 충성스럽게 따르는 모든 자들을 위해 예비하신 것과 비교하면 아무것도 아니다."[8]

그러나 이러한 놀라운 영광에도 중요한 사실이 하나 있습니다. 그것은 천국은 영적인 곳이지만 동시에 우리의 오감을 통하여 느껴지는 곳일 것이라는 사실입니다. 우리가 이 세상에서 누리는 대부분의 즐거움은 모두 오감을 통해 전달되어지고 경험됩니다. 아름다운 경치를 본다든지, 향기로운 냄새를 맡는다든지, 멋진 음악을 듣는다든지, 맛있는 음식을 먹는다든지, 부드러운 터치를 느낀다든지 하는 것이 모두 우리의 오감을 통한 경험들입니다. 그러므로 우리가 만약 천국에서 오감을 느끼지 못한다면 천국은 침침하고 답답한 곳이 되고 심지어는 공포스러운 곳이 될 것입니다.

천국이 오감으로 느껴질 수 있는 곳일 것이라는 사실을 어떻게 알 수 있느냐 하면 부활하신 주님의 모습을 보면 알 수 있습니다. 주님은 죽었다가 삼 일 만에 부활하시고 부활하신 몸 그대로 하늘로 올라가셨습니다. 그렇다면 부활하신 주님의 몸이 앞으로 우리가 천국에서 소유하게 될 몸과 가장 흡사한 것이 될 것이라는 사실을 알 수 있습니다.

주님은 분명히 몸을 소유하고 계셨고 제자들과 함께 식사도 하셨습니다. 자신을 의심하는 도마에게 자신의 몸을 만져 보라고 말씀하셨습니다. 그래서 우리는 천국에서도 이 땅에서와 같이 식사를 하고 음악을 듣고 꽃향기를 맡을 수 있을 것으로 확신할 수 있습니다.

그러면서 동시에 천국은 비록 오감으로 감각되는 곳이지만 지금까지의 오감의 경험을 완전히 뛰어넘는 놀라운 장소가 될 것입니다. 천국에서 먹어 보는 음식은 여러분이 지금까지 먹어 본 음식 중에 가장 맛있고 감동적인 음식이 될 것이며 천국의 경치는 여러분이 지금까지 보아 온 어떤 경치보다 가장 아름다운 것이 될 것이며, 천국에서 맡는 꽃향기는 여러분의 상상을 초월하는 것이 될 것입니다.

천국의 모습을 상상하면 가끔 생각나는 것이 한 가지 있습니다. 제가 미국에 있을 때 비행기를 타면서 느낀 감동입니다. 일반적으로 국제선 비행기를 타면 비행기가 구름 위로 날아가기 때문에 밑을 보면 새하얀 솜털 구름만 보이는 경우가 많습니다. 그것도 참 신비롭고 아름다운 광경이지만 과거 미국에 살 때 LA에서 휴스턴으로 가는 비행기를 타면서 느낀 감동과는 비교가 안 됩니다.

당시 제가 탔던 비행기는 국내선 비행기였기에 마침 비행

도중에 구름 사이를 뚫고 지나갔습니다. 그때 느낀 황홀한 감동은 정말 잊을 수가 없습니다. 햇살이 구름과 섞이면서 묘한 분위기를 연출하는 가운데 비행기는 그 사이를 뚫고 지나가는 것입니다. 마치 무지개와 구름이 섞여 있는 신비로운 터널을 통과하는 것 같았습니다. 그런 황홀한 광경을 지켜보면서 저는 마치 제 자신이 천국에 와 있는 것 같은 느낌을 받았습니다.

그리고 그 순간 제 머리에는 천국에 가게 되면 이런 분위기가 일상이 아닐까 하는 생각이 들었습니다. 물론 천국은 지상보다 훨씬 더 나은 곳이니까 천국에 가면 이것보다 훨씬 더 멋있겠지요. 그렇게 생각해 보면 천국의 날마다의 삶이 얼마나 황홀하겠습니까?

언젠가 신문에서 비행기를 오래 탄 기장의 이야기를 읽은 적이 있습니다. 그는 밤하늘을 비행하다가 오로라를 만나는 경우가 있다고 합니다. 오로라가 색깔이 얼마나 아름다운지 그렇게 오로라가 가득 찬 하늘을 서너 시간 비행하다가 보면 마음이 저려올 정도로 감동을 얻는다고 합니다. 우리가 저녁노을만 봐도 그렇게 아름다운데 천국에서의 빛깔과 색감과 음악은 얼마나 아름답겠습니까?

전 세계에서 가장 유명한 놀이공원 중의 하나로 디즈니랜드 Disneyland 가 있습니다. 미국에 있을 때 디즈니랜드를 방문한 적이 있습니다. 낮 시간의 디즈니랜드도 재미있고 멋있었지만 밤 시간의 디즈니랜드의 분위기는 한층 더 흥겹고 멋있었습니다. 별빛 아래에서 축포가 터지고 곳곳에 화려한 조명과 행복한 사람들의 웃음소리, 맛있는 팝콘 그리고 화려한 퍼레이드와 함께 멋진 음악이 흘러나오는데 정말 환상적이었습니다.

특별히 디즈니랜드 내부에는 곳곳에 가로등과 함께 스피커가 길거리에 설치되어 있었습니다. 그래서 디즈니랜드 안에서는 어디를 가든지 음악이 따라다녔습니다. 그리고 여러분도 알다시피 디즈니의 음악이 무척 환상적이지 않습니까? 그런 음악이 길을 걸어가는데 멋진 축제의 분위기와 함께 계속 흘러나온다고 생각해 보십시오. 그것도 겨울이 없는 캘리포니아의 따뜻한 밤 분위기와 함께 말입니다. 정말 환상적입니다. 그 순간만은 정말 가슴이 설레고 멋있더라고요.

그런데 여러분, 디즈니랜드의 모토가 무엇인지 아십니까? "이 세상에서 가장 행복한 장소"입니다. 자신들이 이 세상에서 가장 행복한 장소를 제공해 준다는 것입니다. 영어로 하면 "The

Happiest Place On Earth"입니다. 맞습니다. 제가 경험한 바로도 디즈니랜드가 이 세상에서 가장 화려하고 아름답고 행복한 장소였던 것 같습니다. 그런데 재미있는 것은 끝에 'On Earth'가 붙어 있다는 것입니다. 즉 '이 세상에서' 가장 행복한 장소라는 것입니다.

디즈니랜드와는 아예 비교가 안 되는 더 멋있고 더 환상적이고 더 아름답고 화려한 천국이 '이 세상 너머에서' 우리를 기다리고 있습니다. 디즈니랜드의 화려함은 천국과는 비교할 수 없습니다. 천국은 온통 음악과 아름다운 빛과 하나님의 임재와 사랑이 흘러넘치는 곳입니다. 도로 자체가 황금길입니다. 길가의 꽃조차도 방긋방긋 웃고 있는 곳이 바로 천국입니다.

저는 천국에 가면 꼭 가 보고 싶은 곳이 있는데 바로 수정같이 맑은 유리 바다 속입니다. 여기 꼭 들어가 보고 싶습니다. 제가 신혼여행을 괌과 사이판으로 다녀왔습니다. 생각보다 특별히 볼 것이 많이 없었지만 그래도 바다 속에서 스노클링을 한 경험을 잊을 수가 없습니다. 아내와 함께 바다 속에 들어가서 온갖 형형색색의 물고기들을 보는 재미는 정말 말로 다할 수 없이 좋았습니다.

제가 수영을 좋아하지는 않지만 물속 풍경은 무척 좋아합니다. 그래서 앞으로 천국에 가면 수정 강물 속에 들어가서 헤엄치며 다녀볼 것을 생각하니 너무 흥분이 됩니다. 아마 천국에서는 수중 장비 같은 것이 없어도 마음대로 물속에 들어갔다 나올 것입니다. 얼마나 재미있고 신기하겠습니까.

천국은 너무나 화려하고 놀라운 곳입니다.

"하나님의 영광이 있어 그 성의 빛이 지극히 귀한 보석 같고 벽옥과 수정 같이 맑더라." (계 21:11)

천국 성곽의 기초는 열두 보석으로 되어 있습니다. 이 보석은 각각 색깔이 다릅니다. 그리고 문은 진주문입니다. 거기에다가 온 사방으로 하나님의 영광의 빛이 뿜어져 나오기에 이루 말로 다할 수 없을 정도로 찬란하고 아름답습니다. 이 놀라운 천국에 우리가 방문객이 아니라 주인으로 들어가 산다는 사실이 더 놀랍습니다.

우리가 그곳에서 주인 노릇을 할 수 있는 것은 천국의 주인이신 하나님의 자녀가 되었기 때문입니다. 디즈니 영화에 보면

유달리 왕자와 공주가 많이 등장합니다. 그들의 삶을 보면 풍요롭고 아름답습니다. 그러나 현실적으로 우리는 왕자나 공주가 아니기에 그런 영화를 볼 때는 재미있지만 보고 나면 마음이 도리어 허전해질 때가 있습니다. 우리가 알아야 할 사실은 사실 저와 여러분은 왕자와 공주라는 것입니다. 그것도 시시한 나라의 왕자와 공주가 아닙니다. 온 우주를 만드신 만왕의 왕이신 하나님의 자녀가 되었기에 우리는 로열 패밀리 Royal Family 가 되었고 하나님 나라의 당당한 왕자와 공주가 되었습니다. 이 얼마나 영광스러운 일입니까? 성경은 다음과 같이 분명하게 약속합니다.

"그러므로 네가 이 후로는 종이 아니요 아들이니 아들이면 하나님으로 말미암아 유업을 받을 자니라."(갈 4:7)

시골 처녀인 신데렐라가 왕자님을 만나 결혼하여 왕족이 되었듯이 우리는 신랑이신 예수 그리스도의 사랑을 받아들임으로 예수님의 신부가 되었고 그로 인해 하나님의 자녀가 되었으며 놀라운 천국의 모든 보물을 유산으로 상속하게 되었습니다. 이 얼마나 엄청난 일입니까?

우리는 보통 대단히 아름답고 뛰어난 사람들을 보면 천사 같다고 말하기도 하지만 사실 천국에서는 천사들이 우리보다 아래입니다. 천사는 결코 예수님의 신부가 될 수 없고 천사는 결코 하나님의 자녀가 될 수 없습니다. 천사는 하나님이 부리는 종일 뿐이고 우리를 섬기는 일꾼에 불과합니다. 성경에 분명히 나와 있습니다.

"모든 천사들은 섬기는 영으로서 구원받을 상속자들을 위하여 섬기라고 보내심이 아니냐."(히 1:14)

그러니 우리가 천국에서는 얼마나 영광스러운 존재입니까? 성경은 천국을 새 예루살렘 성으로 묘사합니다. 과연 이 성곽의 크기는 어떨까요? 놀랍게도 성경에는 성곽의 실제 크기가 나옵니다. 이것만 봐도 천국이 추상적인 장소가 아니라는 것을 확실히 알 수 있습니다.

"그 성은 네모가 반듯하여 길이와 너비가 같은지라 그 갈대 자로 그 성을 측량하니 만 이천 스다디온이요 길이와 너비와 높이

가 같더라 그 성곽을 측량하매 백사십사 규빗이니 사람의 측량 곧 천사의 측량이라."(계 21:16-17)

성곽은 길이와 너비와 높이가 같다고 말하고 있습니다. 이 말은 이 성이 마치 큐빅처럼 정방형으로 되어 있다는 것을 말합니다. 그리고 이 측량된 크기를 문자적으로 이해하면 넓이가 미국 땅의 반만 한 크기의 성곽이라고 볼 수 있습니다. 이 크기를 들으면 어떤 사람은 새 예루살렘 성이 그 정도 크기 밖에 안 되는가 하고 실망할 사람도 있을 것입니다. 그런데 여기서 중요한 것은 이 성곽이 정방형이라는 말입니다. 즉 넓이와 높이와 길이가 같은 크기라는 말입니다. 그러므로 새 예루살렘 성을 건물로 계산하면 한 층의 높이가 5미터 정도이며 전체 건물 층수가 39만 6천 층의 건물 크기와 맞먹습니다.[9] 우리나라에서 63층 빌딩이 높은 빌딩인데 39만 6천 층 높이의 빌딩이라면 우리의 상상을 초월합니다. 이 정도 높이의 크기면 이 세상이 만들어진 후부터 지금까지 구원받은 사람들이 모두 들어가도 방이 모자라지 않을 것입니다.

이것을 생각해 보면 예수님이 하신 말씀의 의미가 새롭게 다가옵니다. 예수님은 십자가를 지러 가시기 전에 제자들에게 이렇게 말씀하셨습니다.

"너희는 마음에 근심하지 말라 하나님을 믿으니 또 나를 믿으라 내 아버지 집에 거할 곳이 많도다 그렇지 않으면 너희에게 일렀으리라 내가 너희를 위하여 거처를 예비하러 가노니 가서 너희를 위하여 거처를 예비하면 내가 다시 와서 너희를 내게로 영접하여 나 있는 곳에 너희도 있게 하리라."(요 14:1-3)

예수님은 천국 아버지 집에 거할 곳이 많다고 하셨습니다. 여기서 재미있는 것은 원어적으로 보면 아버지 집은 단수로 되어 있고 거할 곳은 복수로 되어 있습니다. 이를 보면 새 예루살렘 성은 아버지 집이고 거할 곳은 우리가 살 집들인 것을 알 수 있습니다.

그 다음으로 궁금한 것은 천국의 위치입니다. 천국이 실제적인 장소라고 하면 천국의 위치는 어디일까요? 어떤 사람은 우스갯소리로 천국의 주소를 다음과 같이 표현했습니다.

"천국시 구원구 영생읍 믿으면 얻으리."

이런 식으로 표현하면 지옥의 주소도 나올 수 있습니다.

"살기도 괴롭군 죽으면 좋으리."

천국의 정확한 위치는 우리가 확실하게 알 수 없습니다. 그러나 부활하신 주님이 승천하실 때 하늘로 올라가신 것을 보면 천국은 우리 위쪽에 있는 것이 분명합니다. 그래서 천국을 '하늘나라'라고 이야기합니다. 그런데 여기서 주의할 것이 있습니다. 성경에서 하늘이라고 할 때 세 개의 하늘이 있습니다. 성경에는 천국을 셋째 하늘이라고 표현합니다.

이 세 개의 하늘을 좀 더 구체적으로 살펴보면 먼저 첫째 하늘은 대기를 의미합니다. 우리가 고개를 들어 뭉게구름이 떠 있는 하늘을 볼 때 그 하늘이 바로 지구를 감싸고 있는 공기층으로 이루어진 첫째 하늘입니다.

둘째 하늘은 우리가 우주라고 부르는 곳입니다. 태양과 달과 별들이 있는 곳입니다. 성경은 이 장소를 궁창이라고 표현합니다. 이 둘째 하늘은 그 자체로 창조주의 영광과 위엄을 보여 줍니다.

마지막으로 셋째 하늘이 있습니다. 성경은 이곳을 하늘의 하늘 대하 2:6 이라고 표현하기도 합니다. 이곳이 바로 하나님이 계신 천국입니다. 물론 하나님은 무소부재하시기 때문에 이 온 우주에 편만하게 존재하십니다. 그럼에도 하나님이 자신의 거처를 삼으신 곳이 있는데 그곳이 바로 천국입니다. 바울은 자신이 천국 경험을 했을 때 이 셋째 하늘에 갔다고 이야기합니다.

"내가 그리스도 안에 있는 한 사람을 아노니 그는 십사 년 전에 셋째 하늘에 이끌려 간 자라 (그가 몸 안에 있었는지 몸 밖에 있었는지 나는 모르거니와 하나님은 아시느니라)." (고후 12:2)

그렇다면 이 셋째 하늘 즉 천국의 정확한 위치는 어디일까요? 좀 전에 이야기했듯이 일단 위에 있는 것은 확실합니다. 어떤 사람은 천국의 위치가 북녘 하늘의 어딘가에 있다고 주장하기도 합니다. 그 근거로 에스겔서에 보면 여호와의 영광의 권능이 임하는데 북쪽에서부터 왔다는 것입니다.

"내가 보니 북쪽에서부터 폭풍과 큰 구름이 오는데 그 속에서

불이 번쩍번쩍하여 빛이 그 사방에 비치며 그 불 가운데 단 쇠 같은 것이 나타나 보이고."(겔 1:4)

천국의 위치가 북녘 하늘에 있다고 하는 또 다른 증거로 시편 75편의 다음 부분을 지적하는 사람도 있습니다.

"무릇 높이는 일이 동쪽에서나 서쪽에서 말미암지 아니하며 남쪽에서도 말미암지 아니하고."(시 75:6)

인간을 높이는 일은 하나님만이 하실 수 있는데 그 일이 동에서나 서에서나 남에서 말미암지 않는다고 이야기하면서 북쪽은 언급하지 않습니다. 그래서 이 구절은 하나님의 보좌가 북쪽 하늘 어느 곳에 위치해 있다는 것을 가르치는 것이라고 결론을 내리는 것입니다.

그러나 이것은 하나의 추측에 불과할 뿐입니다. 사실상 천국의 실제적인 위치를 정확하게 아는 것보다 더 중요한 것은 내가 천국에 갈 수 있는 사람인가를 아는 것이 더 중요합니다. 천국은 어차피 3차원 세계에 속한 것이 아니기 때문에 인간의 지리

학적인 공부로 알 수가 없습니다. 그러므로 중요한 것은 내가 지금 이 순간 죽어도 곧바로 천국에 들어갈 수 있는 사람으로 준비되어져 있는가 하는 것입니다. 이것이 가장 중요합니다.

천국에서 우리는 서로를 알아볼 수 있을까?

많은 사람들이 궁금해하는 부분이 있습니다. 그것은 천국에서 서로를 알아볼 수 있을까 하는 것입니다. 물론입니다. 천국에서 우리가 친구를 알아볼 수 있을지에 대해 질문을 받았을 때 조지 맥도날드는 "천국에서 우리는 이곳에서보다 더 바보가 되겠습니까?"[10]라고 대답했습니다.

불교나 힌두교나 뉴에이지 같은 신비주의 종교에서는 개인의 인격을 중시하지 않습니다. 개인은 우주라고 하는 더 큰 존재에 흡수되거나 통합되어 버립니다. 그러나 기독교에서는 한 사람 한 사람의 개성이나 정체성을 절대로 무시하지 않습니다. 하나님은 인간의 유전자나 지문이나 얼굴을 모두 다르게 만드셨습니다. 그러므로 천국에서 지금 현재 내가 가지고 있는 고유한 정체성을 그대로 가지고 있지 않다면 천국은 진정한 의미에서 천국이 될 수 없을 것입니다.

생각해 보십시오. 만약 그 다음 세상에서 내가 나 자신이 아니라면 이생에서 행한 일들에 대해 책임을 물을 수가 없지 않겠습니까? 그렇다면 하나님의 심판도 무의미해질 것입니다. 또한 우리가 주를 위해 했던 모든 일들에 대한 상급도 의미가 없어질 것입니다. 왜냐하면 지금 천국에서의 나는 과거 이 땅을 살 때의 나와는 전혀 다른 존재이기 때문입니다.

그뿐 아니라 우리가 과거의 기억을 모두 잊어버리는 망각의 존재가 된다면 절망적인 죄인이었을 때 구원을 베풀어 주신 그리스도의 구속의 은혜에 대한 감사도 잊어버리게 될 것입니다. 왜냐하면 본인이 얼마나 심각한 죄인이었는지를 깨닫는 사람만이 자신을 향한 주님의 사랑의 깊이를 온전히 이해할 수 있을 것이기 때문입니다.

그러나 그런 일은 일어나지 않을 것입니다. 이 땅에서의 나와 천국에서의 나와는 놀라운 연속성이 있을 것입니다. 그러므로 우리는 천국에서 서로를 잘 알아볼 수 있을 것입니다.

먼저 우리는 예수 그리스도를 알아볼 수 있을 것입니다. 주님께서 부활하셨을 때 제자들은 영화로워진 그분이었지만 자신을 찾아오신 분이 예수님인 것을 알아보았습니다. 천국에 가면 이 땅에서의 우리의 모든 아픔과 상처가 다 사라지지만, 저는 예외적으로 천국에 가면 예수님의 손발에 못자국을 볼 수 있을 것이라고 믿습니다. 그 이유는 우리를 위한 주님의 대속의 죽음을 영원토록 기억하게 하기 위해 하나님께서 그렇게 해 놓으셨을 것 같습니다. 거기에 대한 나름대로의 성경구절도 있습니다.

"내가 또 보니 보좌와 네 생물과 장로들 사이에 한 어린 양이 서 있는데 일찍이 죽임을 당한 것 같더라 그에게 일곱 뿔과 일곱 눈이 있으니 이 눈들은 온 땅에 보내심을 받은 하나님의 일곱 영이더라." (계 5:6)

요한이 천국에 가서 어린 양이신 예수님을 만나 보게 된 경험을 묘사하는데 "일찍이 죽임을 당한 것 같더라."는 표현을 씁니다. 이 말은 예수님이 죽임을 당한 흔적이 남아 있다는 말이고 그로 인해 저는 분명히 천국에서도 주님의 손과 발에 못 자국이 있을 것이라고 믿습니다.

천국에 가면 우리는 예수님을 알아보고 예수님도 우리를 알아보시고 우리는 서로 서로를 알아볼 것입니다. 예수 그리스도가 변화산상에 서 계실 때 제자들은 이미 죽었던 모세와 엘리야가 나타나 예수님과 함께 대화하는 모습을 보았습니다. 그런데 여기서 중요한 것은 이 두 사람을 제자들이 알아보았다는 사실입니다. 모세는 모세로 엘리야는 엘리야로 알아보았습니다. 이것은 그들이 땅에 있을 때와 동일 인물들이었음을 말해 줍니다.

목자는 양을 알고 양은 목자를 압니다. 하나님은 여러분 한 사람 한 사람을 알고 계시고 여러분의 이름과 개성과 특징들을 모두 아십니다. 그리고 그것을 절대로 말살하지 않으실 것입니다. 우리는 천국에서 일련번호로 호칭되지 않을 것입니다. 한 사람 한 사람의 개성과 인격이 존중되고 인정받을 것입니다. 그렇지 않다면 하나님께서 이 땅에 이토록 다양한 사람들을 만들었을 리가 없습니다. 성경에는 이미 다음과 같은 하나님의 약속이 있습니다.

"내가 지을 새 하늘과 새 땅이 내 앞에 항상 있는 것 같이 너희 자손과 너희 이름이 항상 있으리라 여호와의 말이니라."(사 66:22)

우리의 이름이 항상 있을 것이라고 이야기합니다. 불교에서는 우리의 모든 욕망과 갈망이 사라지는 단계가 해탈이요 구원이라고 말합니다. 그러나 이것은 인간이라는 존재를 완전히 무시하는 말입니다. 천국은 오히려 우리의 갈망이 완전히 충족되는 곳입니다. 우리의 갈망 가운데 죄 된 요소만 제거되고 사랑받고 싶고, 인정받고 싶고, 행복해지고 싶은 가슴속 깊은 갈망들이 모두 온전히 채워질 것입니다.

물론 우리는 부활의 몸이 이전의 몸과 똑같으리라고 생각해서는 안 됩니다. 그러나 분명한 것은 부활한 나 자신이 지금의 나와 완전히 다른 존재일 것이라고 생각하는 것도 잘못이라는 것입니다. 지금 내가 죽어서 천국에 간다고 한다면 그리고 주님의 부활 때 나의 몸이 부활하여 새 몸을 얻게 된다면 그 상태에서의 나의 존재는 지금의 나와 연속성이 있을 것이라는 사실을 알아야 합니다.

하나님은 모세에게 나타나 자신을 소개하실 때 "아브라함의 하나님, 이삭의 하나님, 야곱의 하나님 여호와"_{출 4:5} 라고 자신을 소개하셨습니다. 이 말은 지금 천국에 가 있는 순간에도 아브라함은 여전히 아브라함이고 이삭은 여전히 이삭이며 야곱은 여전히 야곱이라는 것을 뜻합니다. 주님이 부활하신 모습을 보면 이 사실을 더더욱 확실히 알 수가 있습니다. 주님은 부활하신 후에 제자들에게 무엇이라고 말씀하셨습니까?

"예수께서 이르시되 어찌하여 두려워하며 어찌하여 마음에 의심이 일어나느냐 내 손과 발을 보고 나인 줄 알라 또 나를 만져보라 영은 살과 뼈가 없으되 너희 보는 바와 같이 나는 있느니라." (눅 24:38-39)

부활하신 예수님은 제자들에게 나타나셔서 "나인 줄 알라."고 하셨습니다. 제자들이 원래 알고 있던 바로 그 예수님이란 뜻입니다. 물론 부활의 몸을 가지신 예수님은 십자가에서 죽으셨을 때의 비참한 모습이 아니라 건강하고 젊고 씩씩하고 멋있는 모습으로 나타나셨습니다. 그렇지만 제자들이 알던 바로 그 예수님이었습니다. 성경은 우리가 부활하면 결국 예수님과 비슷해질 거라고 이야기합니다.

"사랑하는 자들아 우리가 지금은 하나님의 자녀라 장래에 어떻게 될지는 아직 나타나지 아니하였으나 그가 나타나시면 우리가 그와 같을 줄을 아는 것은 그의 참모습 그대로 볼 것이기 때문이니." (요일 3:2)

여기서 우리가 예수님 같아진다는 것은 예수님처럼 영화로운 몸이 될 것이라는 말입니다.

"그러나 우리의 시민권은 하늘에 있는지라 거기로부터 구원하는 자 곧 주 예수 그리스도를 기다리노니 그는 만물을 자기에게 복종하게 하실 수 있는 자의 역사로 우리의 낮은 몸을 자기 영광의 몸의 형체와 같이 변하게 하시리라." (빌 3:20-21)

우리 모두가 예수님과 같이 영광스럽고 아름다운 모습으로 변하여 같이 만날 것을 생각하니 신나지 않습니까? 그러므로 저는 확신합니다. 천국에서는 한 사람, 한 사람이 모두 멋있고 아름다울 것입니다. 못 생긴 사람이 하나도 없을 것입니다.

그 이유는 첫째, 나이를 초월할 것이기 때문입니다. 토마스 아퀴나스 같은 신학자는 천국에 가면 우리 모두의 나이가 예수님의 나이인 33세가 될 것으로 생각했는데 그것은 확실히 알 수 없는 부분이지만 어쨌든 우리는 모두 젊고 건강한 모습이 되어 있을 것이기 때문에 너무나 아름다울 것입니다.

둘째, 얼굴에 주름이나 기미나 잡티가 없고 맑고 밝을 것이기 때문에 더욱 아름다울 것입니다. 사실 사람의 피부가 외모에 얼마나 많은 영향을 미칩니까. 여러분의 얼굴에서 피부가 완벽하다고 생각해 보십시오. 얼마나 아름답겠습니까? 거기에다가 이가 잘못 자리 잡았다든가 눈이 나쁘다든가 턱이 나왔다든가 하는 이런 것들이 완벽하게 교정이 된 상태라고 생각해 보십시오. 얼마나 아름답겠습니까?

셋째, 여러분의 인상이 밝을 것이기 때문입니다. 천국에서는 걱정 근심이 없습니다. 사람이 근심이 있으면 인상이 어두워지지 않습니까? 그런데 천국에서는 걱정할 일이 어디 있겠습니까? 늘 즐겁고 행복합니다. 그러니 얼굴이 얼마나 행복하고 밝을지 상상해 보시기 바랍니다.

그리고 마지막으로 천국에서 여러분과 제가 멋있을 수밖에 없는 것은 우리의 얼굴에서 하나님의 영광의 광채가 반사되기 때문입니다. 우리가 천국에 들어가는 순간 죄로부터 완전히 떠나 영화로운 몸이 되고 우리에게서 하나님의 영광이 온전히 드러납니다. 그러니 우리가 얼마나 신비롭고 아름답겠습니까?

이러한 이유로 인해 천국에서는 모든 사람이 아름다운 존재가 될 걸로 저는 확신합니다. 예쁘지 않은 사람이 하나도 없을 것입니다. 그 이유는 각자 하나님에 의해 독특하고 아름답게 지어졌기 때문입니다. 이는 마치 이 땅에 있는 꽃들이 각각 다르게 생겼어도 전부 나름대로 멋있고 아름다운 것과 같습니다.

장미는 장미대로, 백합은 백합대로, 코스모스는 코스모스대로, 나팔꽃은 나팔꽃대로 얼마나 아름답습니까? 천국에 가도 분명히 그렇게 될 것입니다. 우리의 외모나 피부색과 상관없이 한 사람 한 사람의 모습이 하나님의 창의성과 솜씨를 뽐내며 그 나름대로의 멋을 드러낼 것입니다. 그러니 주님 안에서 우리의 만남이 어찌 아름답지 않겠습니까?

이 땅에서도 우리가 사랑하는 사람을 오랜만에 만나면 너무 반가운데 이 땅의 모든 믿음의 경주를 마치고 천국에 가서 사랑하는 가족, 부모 형제, 믿음의 식구들을 만나면 그 얼마나 반갑겠습니까. 청교도인 리처드 백스터 Richard Baxter 는 다음과 같이 말했습니다.

"나는 그리스도께서 모든 것 되신다는 것을 안다. 그리고 천국이 천국인 것은 그곳에 하나님이 함께하시기 때문이라는 것도 안다. 그럼에도 그곳에 그렇게도 많은 나의 소중한 그리스도 안에서의 친구들이 있다는 사실은 그곳의 생각을 더욱 달콤하게 만들어 준다."[11]

우리 교회에서는 일 년에 한두 차례 수련회를 가는데 청년들 가운데 직장인들이 많아서 수련회를 가면 모두 참석하지 못하는 경우가 많이 있습니다. 다들 근무를 마치고 와야 해서 첫날 오전에 같이 출발하지 못하고 저녁에 오는 사람들도 있고 다음 날 오는 사람들도 있습니다. 그런데 그렇게 늦게라도 수련회 장소로 찾아오면 여간 반가운 것이 아닙니다. 다들 반가워서 얼싸안고 난리가 납니다.

이것을 보면서 드는 생각이 있었습니다. 보통 수련회나 부흥회를 '천국잔치'라고 하는데 저는 천국에 가면 이와 비슷할 것 같다는 생각을 해 보았습니다. 천국에 먼저 도착해서 천국의 잔치 자리에 앉아 즐거운 시간을 보내던 사람들이 뒤에 도착해서 들어오는 사람들을 만나면 얼마나 반갑겠습니까? 수련회 때 늦게 와서 만나도 그렇게 반가운데 천국에서 뒤늦게 오는 믿음의 식구들을 만나면 얼마나 반갑겠습니까? 너무 반가워서 얼싸안으면서 그동안 수고 많았다고, 믿음의 경주를 잘 마치고 와서 너무 감사하다고 그렇게 이야기하지 않겠습니까? 상상만 해도 참으로 감격스럽고 아름다운 광경입니다.

그런데 이와 같은 천국에서의 만남에 대해 이야기하다가 보면 가끔씩 사람들이 던지는 질문이 있습니다. 그것은 천국에 가서도 이 땅에서의 결혼 관계가 계속 지속될 것인가 하는 것입니다. 여기에 대하여 예수님이 하신 말씀이 있습니다.

"부활 때에는 장가도 아니 가고 시집도 아니 가고 하늘에 있는 천사들과 같으니라." (마 22:30)

이 말씀은 종종 오해를 불러일으키기도 합니다. 천국에서 결혼이 없다면 남자와 여자의 성적 구분도 없어지는가? 하고 생각할 수 있습니다. 그러나 그렇지는 않을 것으로 보입니다. 예수님도 부활하신 후에 여전히 남성의 모습이었습니다. 그러므로 천국에서 우리의 성도 여전히 남성이 아니면 여성일 것입니다.

그리고 천국에 이 땅과 같은 결혼제도가 없다고 지금 현재 부부로 살아가는 사람들이 천국에 가서는 전혀 모르는 관계가 된다고 생각할 필요도 없습니다. 천국에서는 지금 이 땅과 같은 결혼식이 없는 것이지 이 땅에서 부부로 맺어진 사람들은 천국에서도 서로 가장 친밀하고 아름다운 관계로 남을 것입니다. 이는 마치 서로 친밀한 두 사람이 파트너가 되어 운동 경기에 참가했다고 할 때 그 경기가 끝났다고 해도 두 사람의 아름다운 우정은 계속 지속되는 것과 마찬가지인 것입니다.

그러므로 비록 이 땅에서의 결혼제도는 천국에서 지속되지 않는다 하더라도 우리의 배우자나 가족 그리고 교회 성도들은 천국에서도 여전히 가장 가까운 관계로 남아 있을 것입니다. 이 땅에서와 같은 부부 관계가 없는 대신 천국에서는 지금 이 땅에서 배우자와 맺을 수 있는 깊고 친밀한 관계를 천국에 있는 모든 사람과 맺으며 지낼 수 있습니다. 우리가 모두 거룩한 존재로 변하기 때문에 모든 사람들과 친밀한 관계를 맺는 것이 가능해질 것입니다. 그동안 죄로 인해 우리의 깊고 개인적인 관계와 대화를 가로막았던 장애물들이 제거되기 때문입니다.[12]

여러분과 저도 지금보다 훨씬 더 가까워질 것입니다. 위치적으로도 더 가까이 살 수 있을지도 모릅니다. 제가 지금까지 카드나 엽서를 많이 받았는데 제가 받은 카드 중에 가장 아름다운 글귀가 적혀 있었던 카드는 미국에서 유학할 때 어떤 미국 친구 부부가 준 카드였는데 "천국에 가면 네 옆집에 살고 싶어."라는 글귀가 적혀 있는 카드였습니다. 어거스틴 Aurelius Augustinus 은 죽기 전에 이런 말을 남겼습니다.

"우리는 이 세상을 떠난 사랑하는 사람들을 잃어버린 것이 아니라 단지 그들을 우리보다 먼저 보냈을 뿐이다. 우리도 또한 이 세상을 떠나 저 세상으로 갈 것이며 그곳에서 우리는 그들을 이전보다 더 잘 알게 되기 때문에 이전보다 더 사랑하게 될 것이며 우리는 이별의 두려움 없이 그들을 사랑할 것이다."[13]

천국이 아름다운 이유는 우리를 구원해 주신 예수님 그리고 우리보다 먼저 천국으로 올라간 사랑하는 사람들이 있기 때문입니다. 그리고 그들과의 친밀하고 아름다운 교제가 영원히 계속될 것이기 때문입니다. 그러나 여기서 또 한 가지 잊지 말아야 할 것은 천국의 교제 가운데 가장 큰 기쁨을 주는 것은 이 세상 그 무엇보다 위대하고 아름다우신 하나님을 알아가는 기쁨이라는 것입니다.

많은 경우에 우리는 큰 차, 멋진 배우자, 아름다운 집, 인기와 명예, 풍성한 은행 잔고, 이런 것들이 우리의 갈망을 채워 주는 것이라고 생각합니다. 이 땅을 살아가는데 이런 것이 필요할 수도 있습니다. 그러나 우리는 천국에 가서 예수님을 만나게 되면 비로소 알게 될 것입니다. 우리의 영혼의 갈망의 끝이 바로 하나님인 것을 알게 될 것입니다. 이 세상의 그 어떤 것도 하나님을 알고 하나님과 교제하는 기쁨을 능가하는 것은 없습니다. 이 세상에서 우리가 누리는 모든 행복은 하나님으로부터 옵니다. 랜디 알콘은 다음과 같이 말했습니다.

"모든 이차적인 기쁨들은 본질적으로 파생물이나. 꽃은 한 가지 이유로 아름답다. 그것은 하나님이 아름다우시기 때문이다. 무지개가 놀라운 것은 하나님이 놀라우신 분이시기 때문이다. 강아지가 기쁨을 주는 것은 하나님께서 기뻐하시기 때문이다. 스포츠가 재미있는 것은 하나님께서 재미있으시기 때문이다. 공부에 보상이 따르는 것은 하나님께서 보상해 주시는 분이시기 때문이다. 일에 성취감을 느끼는 것은 하나님이 성취하시는 분이시기 때문이다."[14]

천국에서 우리는 행복의 근원이신 하나님을 만나서 교제하기 때문에 최고의 행복을 누릴 것입니다. 우리가 하나님에 대해 알아가는 것은 끝이 없을 것입니다. 하나님에 대해 알아갈수록 우리의 기쁨은 더욱 넘칠 것입니다. 하나님은 아무리 알아가도 그 무한하신 위대함이 결코 소진되는 일이 없을 것입니다. 신학자 샘 스톰Sam Stoms 은 다음과 같이 이야기했습니다.

"우리는 계속해서 하나님에 대해 놀랄 것이며 더 깊이 그분과 사랑에 빠지고, 따라서 그분의 임재와 우리와 그분의 관계를 더욱더 기뻐할 것이다. 하나님에 대한 우리의 경험은 결코 끝이 없을 것이다. 우리가 산의 정상에 도달했을 때에 더 이상 오를 것이 없는 것과 달리 우리는 결코 정상에 도달하지 못할 것이다. 하나님에 대한 우리의 경험은 결코 진부해지지 않을 것이다. 그것은 깊어지고, 발전하고, 강화 확대되며, 열리고 증가하며, 넓어지고 부풀 것이다."[15]

탁월한 청교도 신학자인 조나단 에드워드 Jonathan Edwards 도 천국에 거하는 사람들에 관하여 다음과 같이 말했습니다.

"그들은 하나님을 아는 지식과 하나님의 역사에 관한 지식이 증가함에 따라 하나님의 탁월함을 그만큼 더 많이 보게 될 것이다. 그리고 하나님의 탁월함을 그만큼 더 많이 보면 볼수록 그들은 그분을 그만큼 더 사랑하게 될 것이다. 그리고 하나님을 그만큼 더 사랑하면 할수록 그들은 그분 안에서 그만큼 더 기쁨과 행복을 누릴 것이다."[16]

신랑을 진심으로 사랑하는 신부에게는 결혼식의 웨딩드레스나 화려하게 장식된 꽃보다 신랑의 얼굴을 보는 것이 가장 큰 기쁨이듯이 천국에 도달한 우리 그리스도인들은 주 예수 그리스도와 하나님에 대해 알아가는 것이 가장 큰 행복이요 기쁨이 될 것입니다. 사랑하는 연인들이 서로에 대해 결코 지루해하지 않는 것처럼 영원한 기쁨의 근원이신 하나님을 알아가는 것은 결코 끝나지 않는 행복이요 모험이 될 것입니다.

천국을 사모하라

지금까지 저는 천국이 어떤 곳일까에 대해 생각해 보았습니다. 천국은 환상의 장소가 아닙니다. 우리가 죽고 난 뒤에 실제로 갈 생생한 장소입니다. 어윈 루처 Erwin Lutzer 목사님의 책에 보면 아이오아 주의 한 교회의 담임이었던 A. D. 샌드본 Sandborn 목사님이 경험한 이야기가 나옵니다.

샌드본 목사님은 심하게 앓고 있던 한 젊은 그리스도인 여자를 방문했습니다. 그 여인은 침대에 등을 받친 채로 먼 곳을 응시하며 다음과 같이 말했습니다.

"이제 곧 그들이 문을 열기만 하면, 나는 들어갈 거예요."

그런데 잠시 후 그녀는 실망한 표정으로 베게 위에 털썩 쓰려졌습니다.

"그들이 나보다 먼저 마미에 Mamie 를 들어가게 했어요. 그렇지만 나도 곧 들어갈 거예요."

잠시 후에 그녀는 다시 말했습니다.

"그들이 나보다 먼저 그램파 Grampa 를 들어가게 했어요. 그렇지만 다음에는 확실하게 내 차례일거예요."

그 여자는 그 후 침묵을 지켰습니다. 샌드본 목사님도 다른 할 일이 있어 그 집을 떠났습니다.

그날 오후 샌드본 목사님은 그 젊은 여자가 자신이 떠난 후에 죽었다는 말을 들었습니다. 호기심이 생긴 목사님은 그 여인의 가족에게 마미에와 그램파가 누군지 물어보았습니다. 마미에는 한때 이웃에 살다가 후에 뉴욕 주로 이사한 어린 소녀였습니다. 그램파는 그 가족의 친구로서 남서부의 어느 지역에 살고 있었습니다. 목사님은 수소문 끝에 이 두 사람의 소식을 들었습니다. 그런데 놀랍게도 마미에와 그램파 두 사람 모두 9월 16일 아침, 그 젊은 여자가 죽었던 그날 아침에 죽었다는 사실을 알게 되었습니다.[17]

이 얼마나 놀라운 이야기입니까. 죽음은 결코 삶의 끝이 아닙니다. 하나님의 무한한 영광에 들어가는 과정일 뿐입니다.

오늘날은 소비 만족 시대이고 즉각적인 즐거움과 행복을 추구하는 시대입니다. 그래서 오늘날 현대인들의 가장 큰 문제는 천국에 대해서 무지해졌고 더 나아가서 천국에 대해 무관심해져 버린 것입니다. 그 결과 우리는 오늘날 천국을 놓치고 있기에 삶의 목적과 방향성을 잃어버렸습니다.

마치 나침반 없이 배를 타고 가는 항해자가 북극성의 위치를 놓쳐 버려서 망망대해에서 표류하게 되듯이 인생의 영원한 종착지인 천국을 잃어버리게 됨으로 오늘날 현대인들은 무기력해졌고 삶의 목적을 잃어버렸습니다. 여기에서 더욱 안타까운 것은 세상의 믿지 않는 사람들뿐만 아니라 교회 내의 믿는 사람들 가운데서도 천국에 대한 관심이 점차 사라져 가고 있다는 사실입니다.

이는 마치 예수님 시대의 사두개인들과 같습니다. 사두개인들은 당시 사제직을 독점하고 있었던 종교적 분파 중의 하나로 산헤드린 공회를 장악하며 많은 부를 축척하고 있었던 귀족계급이었습니다. 그런데 그들은 자신들이 종교인이라고 하면서도 얼마나 세상적인 부귀에 도취되어 있었던지 천사도 믿지 않고 내세와 부활도 믿지 않았습니다.

그들의 관심은 오로지 잘 먹고 잘사는 것에만 있었기에 종교인이라고 하면서도 다음 세상에 대해서 전혀 관심이 없었고 알고 싶어 하지도 않았던 것입니다. 예수님께서 바리새인이나 사두개인들을 그토록 심하게 책망하신 데에는 다 이유가 있는 것입니다.

오늘날의 그리스도인들도 마찬가지입니다. 이 세상에서 성공하며 부유하게 사는 데만 바빠서 천국의 소망을 잃어버리고 표류하는 삶을 사는 사람들이 많습니다. 그러다 보니 그리스도인이라고 하면서 영적인 능력이 나타나지 않는 무기력한 삶을 사는 경우가 많습니다. 반면에 천국 소망을 가진 사람은 어떤 경우에도 흔들리지가 않습니다. 이런 이야기가 있습니다.

대서양 한복판을 항해하는 배가 예기치 못한 풍랑을 만나게 되었습니다. 모두 살기 위해서 몸부림을 치는 가운데 한 중년 부인은 평온함을 유지하고 있었습니다. 잠시 후 풍랑이 그친 다음 한 사람이 호기심을 억제하지 못하고 조심스럽게 물었습니다.

"부인, 부인께서는 어떻게 그렇게 평온할 수 있었습니까?"

바로 그 순간 그 중년 부인이 빙그레 웃으면 대답했습니다.

"저는 오래전에 둘째 딸을 잃었습니다. 둘째 딸은 지금 주님의 품안에 안겨 안식을 취하고 있죠. 그리고 큰딸은 보스턴에 살고 있지요. 만약 풍랑이 우리를 덮치게 된다면 저는 꿈속에서조차 그렇게 그리던 제 둘째 딸의 곁에 가 있게 될 것입니다. 풍랑이 우리를 비켜간다면 저는 원래의 목적대로 제 큰딸의 곁에 가 있게 될 것입니다. 내가 이래도 저래도 딸의 곁에 있을 터인데 도대체 무엇이 두렵단 말입니까?"

성경에 이런 말씀이 있습니다.

"우리가 이 소망을 가지고 있는 것은 영혼의 닻 같아서 튼튼하고 견고하여 휘장 안에 들어 가나니."(히 6:19)

천국에 대한 소망이 확실한 사람은 어떤 상황에서도 흔들리지 않습니다. 마치 닻줄을 든든히 매고 있는 배와 같이 어떤 풍랑도 그 사람을 넘어뜨리지 못합니다. 여러분의 삶의 초점은 어디에 있습니까? 이 땅에 있습니까 아니면 천국에 있습니까?

화니 제인 크로스비 Fanny Jane Crosby 여사는 어릴 때 의사의 실수로 시력을 잃은 다음 평생을 어둠 가운데서 살았습니다. 보통 사람 같으면 절망하고 낙담할 수도 있었겠지만 그녀는 주님 안에서 누구보다 행복하게 인생을 살았습니다. 그 이유는 그녀에게는 천국의 소망이 있었기 때문입니다. 이로 인해 그녀는 평생 9,000개가 넘는 주옥 같이 아름다운 찬송을 남길 수 있었습니다.

우리나라 찬송가에도 그녀의 찬송시로 만든 찬송이 20편이 넘게 수록되어 있습니다.

그녀는 92세 생일에 그의 생일을 축하하는 사람들에게 이렇게 말했다고 합니다.

"이 세상에 나보다 더 행복한 사람이 있으면 내게 데려오세요. 그 사람과 악수하고 싶어요."

앞이 보이지 않는 고통 가운데 살고 있던 그녀가 어떻게 해서 이토록 풍성한 삶을 살 수 있었을까요? 그것은 그녀가 오로지 천국만을 사모하며 살았기 때문입니다.

그녀가 그렇게 살 수 있었던 것은 이 땅의 것에 대해 눈이 감겼기 때문입니다. 여러분, 천국에 대해 눈을 뜨십시오. 천국 소망을 여러분의 가장 중요한 삶의 가치와 목적으로 삼으시기 바랍니다. 그렇게 될 때 여러분은 어떤 상황에서도 흔들리지 않는 풍성하고 은혜로운 인생을 사실 수 있습니다.

천국에서 우리는 어떻게 사는가?

HEAVEN

우리가 천국에서 주로 하는 일은
하나님을 즐거워하는 것이다.
-윌리엄 플러머-

죽음 이후의 상태

그리스도인들이 세상 사람들과 다른 가장 큰 차이 중의 하나는 죽음을 두려워하지 않는 존재라는 사실입니다. 인간이니까 죽음의 고통에 대한 공포는 있을 수 있겠지만 죽음 자체가 주는 막연한 두려움은 없습니다. 그 이유는 그리스도인들은 죽고 난 뒤 어디로 가는지 알고 있기 때문입니다.

부활하신 주님이 그리스도인들에게 천국을 약속해 놓으셨습니다. 그러므로 예수 그리스도를 믿는 사람들에게는 죽음은 공포의 마왕이라기보다는 우리를 영원한 집으로 실어 나르는 황금마차와 같은 것입니다.

어윈 루처 Erwin Lutzer 목사님의 책에 보면 이런 이야기가 나옵니다.

"한 어린 소녀가 묘지를 지나는 것이 무서운지 어떤지 질문을 받았다. 그 소녀는 대답했다. '아니오. 전 무섭지 않아요. 묘지 저편에 우리 집이 있거든요!'"[18]

그렇습니다. 우리가 죽음을 두려워하지 않는 이유는 죽음 저편 너머에 돌아갈 영원한 집이 있기 때문입니다. 그런데 우리가 죽고 나서 천국에 가게 되면 이것으로 끝나는 것이 아니라 사실은 예수님이 재림하셔서 몸이 부활할 때까지 기다리는 상태라는 사실을 알 필요가 있습니다. 이것을 소위 말해서 '중간 상태' 혹은 '중간 천국'이라고 표현하는데 여기에 대한 신학적 이해가 필요합니다. 어떤 사람은 '중간 상태'를 영혼이 잠자는 무의식의 상태로 보는 사람도 있습니다. 왜냐하면 성경에는 죽음을 잠자는 것으로 표현하는 부분이 있기 때문입니다.

"형제들아 자는 자들에 관하여는 너희가 알지 못함을 우리가 원하지 아니하노니 이는 소망 없는 다른 이와 같이 슬퍼하지 않게 하려 함이라 우리가 예수께서 죽으셨다가 다시 살아나심을 믿을진대 이와 같이 예수 안에서 자는 자들도 하나님이 그와 함께 데리고 오시리라."(살전 4:13-14)

이런 말씀들에 근거하여 우리가 죽게 되면 예수님이 오실 때까지 영혼이 잠든 상태로 있다고 보는 사람도 있습니다. 이것을 소위 영혼수면 soul sleep 이라고 표현합니다. 그러나 이것은 성경의 내용을 제대로 이해하지 못한 것입니다. 성경에 죽은 자들이 잔다고 표현하는 것은 죽음에 대한 완곡어법으로서 죽은 상태로 놓여 있는 우리 몸의 외적인 모습을 표현한 것입니다. 즉 우리 몸이 무덤에 누워 있는 모습을 표현한 것입니다. 그러나 비록 부활의 날까지 우리 육체가 자고 있는지는 몰라도 영혼은 깨어 있습니다. 이것을 알 수 있는 것은 요한이 목격한 천국에 있는 순교자들의 모습입니다. 그들은 지금 죽어 천국에 가 있지만 자고 있지 않습니다.

> "다섯째 인을 떼실 때에 내가 보니 하나님의 말씀과 그들이 가진 증거로 말미암아 죽임을 당한 영혼들이 제단 아래에 있어 큰 소리로 불러 이르되 거룩하고 참되신 대주재여 땅에 거하는 자들을 심판하여 우리 피를 갚아 주지 아니하시기를 어느 때까지 하시려 하나이까 하니." (계 6:9-10)

요한이 본 환상에 의하면 천국에 있는 순교자들은 속히 하나님께서 임하셔서 땅을 심판해 주시도록 부르짖고 있는 것으로 묘사됩니다. 그들은 결코 의식이 없는 상태로 자고 있는 것이 아닙니다.

천국의 최종적인 모습

현재 그리스도 안에서 죽은 성도들이 머무는 장소를 '중간 천국'이라고 부르는 데는 이유가 있습니다. 이 천국이 우리가 갈 최종 목적지가 아니기 때문입니다. 주님의 재림과 우리 몸의 부활 이후에 우리가 영원히 하나님과 함께 살 천국이 있습니다. 그래서 우리가 지금 죽어서 가는 천국은 어떤 면에서는 일종의 임시 처소인 것입니다.

우리가 지금 죽어서 가는 천국이 영원하지 않다는 말이 이상하게 들릴 수도 있습니다. 그러나 사실입니다. 왜냐하면 하나님의 계획은 우리의 생각보다 더 위대하기 때문입니다. 하나님께서는 우리가 생각하는 천국을 뛰어넘는 더 놀랍고 위대한 천국을 준비해 놓으셨습니다. 신학자인 웨인 그루뎀Wayne Grudem은 이 사실을 다음과 같이 설명합니다.

"그리스도인들은 종종 '천국에서' 영원히 하나님과 함께 산다고 말한다. 그러나 실제로 성경의 가르침은 그보다 더 풍부하다. 성경은 말하길 완전히 새롭게 된 피조 세계인 새 하늘과 새 땅이 있을 것이며, 우리는 그곳에서 하나님과 영원히 살 것이라고 한다. … 또한 하늘과 땅의 새로운 통일이 있을 것이다. … 이 새로운 피조 세계에서 하늘과 땅은 하나로 통일될 것이다."[19]

지금 가는 천국이 최종적인 목적지가 아니고 앞으로 새 하늘과 새 땅이 있을 것이라는 사실을 잊어서는 안 됩니다. 그 이유는 지금의 천국 도성이 예수님의 재림 이후에 새로워진 이 땅으로 내려올 것이기 때문입니다. 그래서 어떤 면에서는 천국의 위치가 바뀐다는 생각을 하게 되면 이해가 쉽습니다. 성경에는 이렇게 나와 있습니다.

"또 내가 새 하늘과 새 땅을 보니 처음 하늘과 처음 땅이 없어졌고 바다도 다시 있지 않더라 또 내가 보매 거룩한 성 새 예루살렘이 하나님께로부터 하늘에서 내려오니 그 준비한 것이 신부가 남편을 위하여 단장한 것 같더라." (계 21:1-2)

"성령으로 나를 데리고 크고 높은 산으로 올라가 하나님께로부터 하늘에서 내려오는 거룩한 성 예루살렘을 보이니 하나님의 영광이 있어 그 성의 빛이 지극히 귀한 보석 같고 벽옥과 수정 같이 맑더라."(계 21:10-11)

이해가 되십니까? 천국에 있던 새 예루살렘이 하나님으로부터 내려옵니다. 천국이 이 땅으로 내려오는 것입니다. 예수님이 가르쳐 주신 기도_{주기도문}에서 하나님의 나라가 이 땅에 임하도록 하는 기도가 온전히 실현되는 것입니다. 그리고 이 땅에 새 예루살렘으로 표현되는 천국, 즉 하나님의 나라가 임하게 되면 하나님도 우리에게 내려오셔서 영원히 함께 거하시게 되십니다.

"내가 들으니 보좌에서 큰 음성이 나서 이르되 보라 하나님의 장막이 사람들과 함께 있으매 하나님이 그들과 함께 계시리니 그들은 하나님의 백성이 되고 하나님은 친히 그들과 함께 계셔서 모든 눈물을 그 눈에서 닦아 주시니 다시는 사망이 없고 애통하는 것이나 곡하는 것이나 아픈 것이 다시 있지 아니하리니 처음 것들이 다 지나갔음이러라."(계 21:3-4)

하나님이 계신 곳이 바로 하나님 나라입니다. 즉 천국입니다. 그런데 이 천국이 하늘에서 이 땅으로 내려왔습니다. 하나님의 보좌가 이 땅으로 내려왔기 때문입니다. 마치 예수님께서 성육신하여 인간과 함께 거하셨듯이 하나님께서 당신의 보좌를 인간 가운데 펼치시고 온전히 인간과 함께하십니다. 이는 마치 천국이 성육신한 것과 같습니다. 신학자인 안토니 후크마 Anthony A. Hoekema 는 이것을 다음과 같이 설명했습니다.

"'새 예루살렘'은 공간 멀리 '하늘'에 있지 않고 새롭게 된 땅으로 내려온다. 그곳에서 구속 받은 자들은 부활한 몸으로 영생한다. 그러므로 지금 분리되어 있는 하늘과 땅은 그때에 하나가 되며 하나님은 자기의 백성들과 함께 그곳에 거하실 것이기에 새 땅은 또한 하늘이 될 것이다. 다른 말로 하면 영화롭게 된 신자들은 천국에 계속해서 있지만 그들은 새 땅에서 산다."[20]

우리는 죽고 나면 천국으로 간다는 생각만 하기 쉬운데 언젠가는 천국이 이 땅으로 내려온다는 사실을 잊지 말아야 합니다. 물론 그때의 이 땅은 죄와 타락으로 물든 땅이 아니고 하나님의 은혜와 능력으로 완전히 새롭게 된 땅입니다. 이것이 바로 성경에서 그리스도 안에서 만물이 다 하나 되고 통일된다고 하는 의미입니다.

> "아버지께서는 모든 충만으로 예수 안에 거하게 하시고 그의 십자가의 피로 화평을 이루사 만물 곧 땅에 있는 것들이나 하늘에 있는 것들이 그로 말미암아 자기와 화목하게 되기를 기뻐하심이라." (골 1:19-20)

> "하늘에 있는 것이나 땅에 있는 것이 다 그리스도 안에서 통일되게 하려 하심이라." (엡 1:10)

여기서 '다'라는 말은 영어로 'all things'라는 말로 말 그대로 모든 것을 포함하는 것입니다. 온 땅과 하늘 우주 모든 것이 그리스도 안에서 통일되고 새로워집니다. 여기에 관해 랜디 알콘 Randy Alcorn 은 다음과 같이 말합니다.

"하나님과 인간이 그리스도 안에서 화해된 것처럼 하나님과 인간의 거처—천국과 땅—도 그리스도 안에서 화해된다. 하나님과 인간이 그리스도 안에서 영원히 하나가 되는 것처럼 천국과 땅도 새로운 물리적 우주에서 영원히 하나가 되며 우리는 부활한 존재로서 이곳에 살게 된다."[21]

존 맥아더 John MacArthur 목사님도 여기에 대해 다음과 같이 말했습니다.

"종말에 이루어질 천국은 지금 하나님이 거하고 계시는 천국과는 다르다. 만물의 종말이 이르면 하늘과 땅을 새롭게 하시는 하나님의 역사가 일어날 것이다. 현재의 천국과 새롭게 된 우주가 하나가 되어 우리가 영원히 거할 완벽한 처소가 마련되는 것이다. 하나님이 거하시는 천국이 확장되어 우주 만물을 감싸고, 그 결과 온 우주가 영광스러운 천국처럼 완전해질 것이다."[22]

이것이 바로 베드로가 성도들에게 소망을 주기 위해 한 말입니다.

"우리는 그의 약속대로 의가 있는 곳인 새 하늘과 새 땅을 바라보도다."(벧후 3:13)

우리가 바라는 바는 단순히 저 먼 하늘에 있는 천국에 있지 않습니다. 천국이 이 땅으로 내려오고 온 우주가 하나님의 능력으로 새롭게 되는 날을 기다리고 있습니다. 온 우주에서 악이, 죄의 영향력이 모두 사라지는 영광스럽고 찬란한 새 날이 오기를 기다리고 있는 것입니다.

그렇습니다. 하나님의 완전한 계획은 이 세상의 어떤 부분도 사탄 마귀에게 내어 주지 않는 것입니다. 하나님께서는 원하시기만 하면 새로운 아담과 하와를 만드시고 옛 아담과 하와를 지옥으로 보내실 수도 있었습니다.[23] 그렇게 하면 예수님의 대속의 죽음도 필요하지 않고 여러 가지 번거로운 일들이 많이 줄어들었을 것입니다. 그러나 하나님께서는 그러한 선택을 하지 않으셨습니다. 대신 하나님께서는 예수님을 보내셔서 이 땅의 모든 것들을 주님 안에서 원래대로 회복하기를 원하셨습니다.

하나님께서 그렇게 하신 제일 중요한 이유는 하나님의 속성이 사랑이시기 때문입니다. 그분은 당신의 형상대로 지음 받은 우리 인간을 사랑하셔서 인간들을 용서해 주고 구원할 수 있는 길을 찾기를 원하셨습니다. 또 하나의 이유는 하나님의 하나님 되심이 손상 받지 않기 위해서입니다.

하나님께서 만약 죄에 빠진 아담과 하와를 포기하시게 되면 하나님께서는 사탄에게 진 것이 됩니다. 실제로 지금 이 세상에는 사탄이 득세하고 죄악으로 인해 이 세상이 몸살을 앓고 있기에 하나님이 사탄에게 밀리는 것 같아 보입니다. 그러나 하나님께서는 결국 사탄을 멸하시고 이 세상을 새롭게 하시고 새 하늘과 새 땅을 주심으로 하나님의 창조와 구속 사역을 완성하실 것입니다. 하나님은 예수 그리스도 안에서 만물을 회복하실 것입니다. 그것이 성경이 계속적으로 강조하고 있는 바입니다.

"하나님이 영원 전부터 거룩한 선지자들의 입을 통하여 말씀하신 바 만물을 회복하실 때까지는 하늘이 마땅히 그를 받아 두리라." (행 3:21)

그렇게 볼 때 기독교 복음은 미치는 영향력에 있어서 그 범위가 상상을 초월할 정도로 큽니다. 그야말로 예수 그리스도의 복음은 구원받는 우리 그리스도인들에게만 복음이 아니라 이 땅의 모든 동물, 식물, 저 하늘의 별들과 행성들에게도 기쁜 소식이 되는 것입니다. 지금은 인간의 죄로 인해 만물이 탄식하고 괴로워합니다. 그러나 주님이 다시 오시는 날 이 땅과 하늘과 온 우주가 새롭게 회복될 것입니다.

아담의 타락으로 인해 이 세상이 황폐해졌습니다. 엉겅퀴가 생기고 죄와 사망이 들어오게 되었습니다. 모든 피조물들이 탄식하게 되었습니다. 그의 타락이 우주적으로 얼마나 좋지 못한 영향을 미쳤는가 하는 것을 생각해 보면 주님의 부활이 얼마나 놀라운 우주적인 변화를 가져올 것인가 하는 것을 짐작할 수 있습니다. 그래서 성경은 다음과 같이 말씀하는 것입니다.

"피조물이 허무한 데 굴복하는 것은 자기 뜻이 아니요 오직 굴복하게 하시는 이로 말미암음이라 그 바라는 것은 피조물도 썩어짐의 종 노릇 한 데서 해방되어 하나님의 자녀들의 영광의 자유에 이르는 것이니라." (롬 8:20-21)

이렇게 주님의 구원 사역의 범위는 상상을 초월합니다. 이에 대해 존 파이퍼 John Piper 목사님은 다음과 같이 말했습니다.

"우리의 몸에 일어날 사건과 피조물에 일어날 사건은 함께 간다. 우리의 몸에 일어날 사건은 소멸이 아니라 구속이다. 우리의 몸은 구속되고 새롭게 되며 버려지지 않을 것이다. 마찬가지로 하늘과 땅도 그렇다."[24]

하나님께서는 자신이 만드신 것을 하나도 낭비하지 않으십니다. 하나님의 구속 계획의 절정은 그리스도의 재림이나 천년왕국이 아니라 새 땅입니다. 그때 하나님은 이 세상의 모든 오류들을 수정하십니다. 오직 그때가 되어야 이 세상에서 죽음과 눈물과 고통이 영원히 사라집니다. 하나님께서 심히 좋았더라고 하신 말씀이 다시금 온전히 이루어지는 것입니다.

심지어는 우리가 정확히 알 수는 없지만 주님은 이 세상의 모든 나라들도 없애시지 아니하고 새롭게 하셔서 다스리고 통치하실 것임을 성경은 보여 줍니다.

"일곱째 천사가 나팔을 불매 하늘에 큰 음성들이 나서 이르되 세상 나라가 우리 주와 그의 그리스도의 나라가 되어 그가 세세토록 왕 노릇 하시리로다 하니."(계 11:15)

예수님께서 단순히 천국만을 다스리시는 것이 아닙니다. 이 세상 모든 곳에 하나님의 나라가 임하게 하실 것입니다. 주님이 그 모든 나라들을 다스리고 통치하실 것입니다. 하나님께서는 이 땅의 나라들을 없애시지 않고 자신의 나라로 바꾸실 것입니다. 주님이 오시면 새 땅을 만드시고 여기에 세상 나라들을 주님의 나라로 만들어서 영원토록 다스리실 것입니다. 요한계시록에 나오는 새 예루살렘의 모습이 바로 그것을 보여 줍니다.

"그 성은 해나 달의 비침이 쓸 데 없으니 이는 하나님의 영광이 비치고 어린 양이 그 등불이 되심이라 만국이 그 빛 가운데로 다니고 땅의 왕들이 자기 영광을 가지고 그리로 들어가리라."(계 21:23-24)

여기 보면 새 예루살렘에 만국의 왕들이 찾아온다고 되어 있습니다. 땅의 영광을 가지고 들어온다고 되어 있습니다. 하나님은 이 세상 인종, 나라, 민족 등을 다양하게 만드셨습니다. 하나님이 만드신 그 모든 것을 없애 버린다는 것은 엄청난 낭비입니다. 하나님은 어떻게 해서든지 그들의 다양한 개성을 통해 다양한 방식으로 영광 받으실 것이 틀림없습니다.

천국에서의 상급

천국에 대해 이야기할 때 천국에서 받을 상급에 대해 말하지 않을 수 없습니다. 많은 경우에 사람들은 천국에 가면 모든 사람이 똑같이 대우 받을 것이라고 생각하며 그것이 평등이고 공평이고 정의라고 생각합니다. 그러나 그러한 획일적인 평등은 하나님의 방법이 아닙니다. 천국에서는 우리가 이 땅에 살면서 가졌던 믿음의 분량에 따라, 주님을 위해 헌신하고 수고한 것에 따라 상급이 많이 다를 것입니다. 성경에 보면 하나님께서는 각자가 수고한 대로 보상하시는 분이심을 강조한 내용이 많이 나옵니다.

"보라 주 여호와께서 장차 강한 자로 임하실 것이요 친히 그의 팔로 다스리실 것이라 보라 상급이 그에게 있고 보응이 그의 앞에 있으며."(사 40:10)

하나님께서는 상급을 주시기도 하고 잘못한 자에게는 보응도 하시는 분이십니다. 요한계시록 마지막 장인 22장에 보면 예수님께서 다시 온다는 말씀을 하십니다. 그런데 주님이 요한에게 자신이 다시 온다는 이야기를 하시면서 다음과 같이 말씀합니다.

"보라 내가 속히 오리니 내가 줄 상이 내게 있어 각 사람에게 그가 행한 대로 갚아 주리라."(계 22:12)

예수님께서 다시 오실 때 우리에게 주실 상이 있다고 이야기합니다. 그리고 각 사람이 행한 대로 갚아 주신다고 이야기합니다. 주님이 이렇게 이야기하셨으니 믿어야 하지 않겠습니까? 사실 상식적으로도 생각해 보십시오. 예수 그리스도를 위해 평생을 선교하며 몸 바쳐 일하다가 순교한 사도 바울과 평생을 강도짓을 하다가 마지막 순간에 예수님을 믿고 천국에 간 강도가 천국에서 똑같은 대우를 받는다면 그것이야말로 불공평한 것이 아닐까요?

많은 사람들이 공평이라는 것을 획일적으로 똑같게 만드는 것이라고 생각하는데 진정한 공평은 그런 것이 아닙니다. 제가 교수인데 만약 제 수업을 듣는 학생들에게 공평하게 똑같은 점수를 주면 그것이 공평한 것입니까? 열심히 공부하고 노력한 학생에게 더 좋은 점수를 주고 농땡이 치고 놀았던 학생에게는 나쁜 점수를 주는 것이 공평한 것이 아니겠습니까?

개인의 차이를 인정하지 않고 잘했든 못했든 획일적으로 똑같이 취급하는 것은 하나님의 방법이 아닙니다. 그게 바로 공산주의자들이 하는 짓입니다. 겉으로 보기에 공산주의 사회는 평등합니다. 사람을 부를 때도 전부 동무입니다. 할아버지에게도 '영감 동무', 여성을 부를 때도 '에미나이 동무'입니다. 전부 평등합니다.

그러나 그것은 인간의 존엄성을 무시한 잘못된 사고방식입니다. 인간은 노력한 만큼 더 대가를 받고 인정을 받아야 열심히 하고 싶은 마음이 생깁니다. 하나님이 인간을 그런 식으로 창조해 놓으셨습니다. 그런데 공산주의는 잘했든 못했든 똑같이 대우하고 똑같이 취급합니다. 그러니 공산주의가 오래가지 못하고 망하는 것입니다.

미국의 유명한 설교가 존 맥아더 목사님이 소련이 붕괴된 직후 우크라이나에 있는 어느 병원에 가서 경험한 일을 이야기한 적이 있습니다. 병원에 가 보니 시설이 아주 열악했습니다. 의사들도 많지 않았습니다. 그곳에서 목사님은 어려운 상황에서 수술을 하고 있는 한 의사를 만났습니다. 그의 봉급이 얼마인지 물어보니 한 달에 15달러라고 했습니다.

잠시 후 병원을 나서다가 청소하는 아주머니를 만났습니다. 아주머니에게 한 달 봉급이 얼마냐고 물어보았습니다. 똑같이 15달러라는 말을 들었습니다. 이러니 아무도 의사가 되려고 하지 않는 것입니다. 이런 사회가 발전이 되겠습니까? 의사가 되려면 참으로 많은 공부를 하고 고생을 해야 하는데, 청소하는 아주머니하고 똑같이 대우해 버리니 누가 의사가 되려고 하겠습니까?

이것이 공산주의가 갖고 있는 맹점입니다. 인간의 개성을 완전히 말살하는 것입니다. 하나님은 이 세상을 총천연색으로 만들었는데 공산주의자들은 모두 흑백으로 만들어 버렸습니다. "더 기버"The Giver 라는 영화가 있습니다. 책으로 먼저 나왔는데 나중에는 영화로 만들어졌습니다. 이 영화의 앞부분에는 등장인물이 모두 흑백으로 나옵니다. 인간의 감정과 사고를 모두 말살해서 사람들을 획일화시킨 공동체를 묘사하기 위해서 그렇게 한 것입니다. 공산주의 사회가 이와 비슷합니다.

여러분은 이런 곳이 천국일 것이라고 생각하십니까? 아닙니다. 천국은 우리가 상상할 수도 없이 조화롭고 아름다운 곳입니다. 그곳에서는 개인의 개성이 말살되지 아니하고 오히려 하나님께서 만드신 그 모습 그대로 활짝 꽃 피우게 될 것입니다. 그렇지 않으면 천국이 천국 되지 못합니다.

어떤 사람은 천국에서 겸손해야 한다는 생각으로 다음과 같이 말합니다.

"나는 천국의 뒷줄에 앉는 것으로 만족할거야."

만약 이 말이 겸손에서 나온 말이라면 이런 태도는 좋은 태도입니다. 우리가 주님을 위해 열심히 일하면서도 자신의 공로를 내세우지 않는 태도는 좋은 것입니다. 그러나 만약에 우리가 천국의 뒷줄에 앉게 된 이유가 우리가 주님을 위해 게을리 일했기에 나온 결과라면 어떻게 되겠습니까? 즉 다른 말로 우리가 이 땅에서 그리스도를 기쁘게 해 드리지 못해서 천국에서 그런 자리가 배정되었다면 어떻게 되겠습니까? 하나님은 우리를 앞자리에 앉히고 싶은데 우리가 세속적으로 살아서 그 특권을 상실했다면 이는 너무나 안타까운 일이 될 것입니다.[25] 이에 대해 어윈 루쳐 목사님은 다음과 같이 말합니다.

> "상급에 대한 개념은 우리가 만든 것이 아님을 기억하라. 그것은 모든 인간의 이성을 능가하시는 아버지가 우리를 축복하시고자 하는 바람이다. 천국에서 받을 수 있는 최선의 자리에 앉기 위해 우리는 이 땅에서 최상의 삶을 살아야 한다."[26]

또한 그는 다음과 같은 말도 덧붙입니다.

> "우리는 상급 자체를 바라보고 상급을 원하지 않는다. 상급이 곧 그리스도가 우리를 인정해 주심을 반영하기 때문에 바라는 것이다. 그리스도가 '잘 하였도다 착하고 충성된 종아.'(마 25:21)라고 하시는 말씀을 들을 사람을 위해 준비된 영광이라면, 그

영광을 얻기 위해 천국의 앞자리에 앉기를 바라는 것은 잘못되지 않았다."[27]

대단히 중요한 말씀입니다. 시험을 치는 학생이 공부를 열심히 해서 장학금을 받고 선생님과 부모님께 칭찬을 받고 싶어 하는 것이 잘못된 욕심이 아니듯이 우리가 인생길을 열심히 달리고 믿음을 지키고 의의 면류관을 받기를 기대하는 것은 전혀 잘못된 것이 아닙니다. 이것이 바로 먼저 믿었던 믿음의 선배가 취했던 태도이고 성경에 나오는 바울이나 베드로가 원했던 삶의 자세입니다.

"나는 선한 싸움을 싸우고 나의 달려갈 길을 마치고 믿음을 지켰으니 이제 후로는 나를 위하여 의의 면류관이 예비되었으므로 주 곧 의로우신 재판장이 그 날에 내게 주실 것이며 내게만 아니라 주의 나타나심을 사모하는 모든 자에게도니라." (딤후 4:7-8)

"맡은 자들에게 주장하는 자세를 하지 말고 양 무리의 본이되

라 그리하면 목자장이 나타나실 때에 시들지 아니하는 영광의 관을 얻으리라."(벧전 5:3-4)

천국은 결코 획일적이지 않습니다. 각자 상급이 다릅니다. 이렇게 말하면 또 어떤 사람은 "천국은 시기 질투가 없고 평화로운 곳이어야 하는데 천국에서도 상급이 다르다면 시기나 질투가 나지 않을까?"라고 생각하는 사람도 있습니다. 그러나 저는 그렇게 생각하지 않습니다. 천국은 완전한 곳이기 때문에 어떤 사람이 상급을 받게 되면 천국에 있는 나머지 사람들도 여기에 대해 100퍼센트 동의하며 기뻐해 줄 것이라고 생각합니다.

물론 자신은 그런 상급을 받지 못했기 때문에 이럴 줄 알았으면 좀 더 열심히 할 것을 하고 아쉬워하는 마음은 들 수 있을지 몰라도 다른 사람을 보고 질투가 나거나 시험에 들거나 하지는 않을 것이라고 생각합니다. 이는 마치 김연아 선수가 올림픽에서 금메달을 딸 때 그 광경을 보면서 시험에 드는 사람이 없었던 것과 마찬가지입니다. 김연아 선수가 그 자리에 서기까지 얼마나 많은 노력을 했는지를 모두 알기 때문에 그것을 보고 시험에 든 사람은 아무도 없었습니다. 저는 천국은 마치 이와 같을 것이라고 생각합니다.

여기에 대하여 조나단 에드워즈는 다음과 같이 말합니다.

"천국에서는 낮은 영광을 가진 자들이 자기보다 높은 영광을 가진 자를 보고 자기 행복이 작다는 생각 때문에 고통스러워하는 일이 없다. 오히려 반대로 기뻐한다. 모든 성도는 서로의 행복을 기뻐한다. 왜냐하면 성도들은 완전히 이타적인 사랑을 가지고 있기 때문이다. 모든 사람은 다른 모든 사람에게 진실할 뿐만 아니라 완전한 호의를 가진다. 진실하고 강력한 사랑은 사랑받는 자가 잘되는 것을 보고 크게 기뻐한다. 만일 사랑이 완벽하다면 사랑받는 자의 행복이 커질수록 사랑하는 자의 기쁨도 더 커진다."[28]

그는 또한 다음과 같은 말도 했습니다.

"천국에서 남들보다 더 거룩하거나 더 행복한 자들이 우쭐하거나 교만하게 될 것이라고 생각해서는 안 된다. 오히려 남들보다 더 거룩한 사람은 남들보다 더 겸손하게 된다. 비록 모든 사람이 교만에서 완전히 자유롭지만, 어떤 사람은 다른 사람보다 하나님을 아는 지식이 더 많고 하나님의 완전하심을 더 많이 알게 될 것이다. 그래서 그들은 자신의 무가치함과 보잘 것 없음을 상대적으로 더 많이 알게 되어 더 겸손해질 것이다."[29]

한 마디로 말하면 천국에서는 서로 이타적인 사랑을 하기 때문에 다른 사람이 잘되고 인정받을수록 기뻐한다는 것입니다. 그리고 더 인정을 많이 받는 사람일수록 인격이 더 훌륭하고 겸손한 사람일 것이기 때문에 더더욱 우쭐대거나 교만할 일이 없을 것이라는 것입니다.

조나단 에드워즈의 다음과 같은 비유는 천국에서 누리는 서로 다른 영광에도 어떻게 모든 사람들이 완벽한 행복을 누릴 수 있는지를 멋지게 설명해 줍니다.

"성도들은 행복의 바다에 던져진 여러 크기의 그릇들과 같다. 그 바다에서 모든 그릇들은 가득 채워진다. 채워진 것은 영생이며 모든 사람들은 자신의 그릇을 가득 채울 것이다. 그러나 결국 주권자이신 하나님 마음대로 하시는 것이며, 그릇의 크기를 결정하시는 것도 그분의 특권이다."[30]

　다른 말로 하면 우리는 각자에게 주어진 그릇의 크기가 있다는 것입니다. 그래서 비록 크기가 더 큰 사람이 더 많은 영광을 누리겠지만 어쨌든 누구나 자신의 그릇의 크기에 맞게 행복이 가득 채워져 있을 것이기 때문에 시기 질투하는 일은 없을 것이라는 것입니다. 정말 기가 막힌 비유입니다.

　성경은 심판에 대해 자주 이야기합니다. 그런데 우리는 이 세상을 마감할 때 하나님 앞에서 두 종류의 심판이 있다는 사실을 기억해야 합니다. 하나는 불신자들이 받는 심판이고 하나는 그리스도인들이 받는 심판입니다. 전자는 '백보좌 심판'이라고 불리고 후자는 '그리스도의 심판'이라고 불립니다. 그런데 이 두 심판은 성격이 완전히 다릅니다.

　백보좌 심판대는 믿지 않는 사람들이 받는 심판입니다. 그곳에서는 지옥의 형벌의 정도가 결정됩니다. 그리스도의 심판대는 믿는 사람들이 받는 심판입니다. 이곳에서는 천국의 상급의 정도가 결정됩니다. 그러므로 이 두 가지를 잘 구별해서 살펴볼 필요가 있습니다.

먼저는 불신자들이 받는 심판입니다. 이 심판이 '백보좌 심판'이라고 불리는 이유는 이 심판은 '크고 흰 보좌 위에 앉으신 하나님께 받는 심판'이라고 해서 '백보좌 심판'이라고 불립니다. 이 심판에 관한 이야기가 요한계시록에 나옵니다.

"또 내가 크고 흰 보좌와 그 위에 앉으신 이를 보니 땅과 하늘이 그 앞에서 피하여 간 데 없더라 또 내가 보니 죽은 자들이 큰 자나 작은 자나 그 보좌 앞에 서 있는데 책들이 펴 있고 또 다른 책이 펴졌으니 곧 생명책이라 죽은 자들이 자기 행위를 따라 책들에 기록된 대로 심판을 받으니."(계 20:11-12)

이 심판은 천국에 가느냐, 지옥에 가느냐의 심판으로 예수 그리스도를 믿는 사람들은 이 심판을 받지 않습니다. 여기 말씀에 보면 책들이 펴져 있고 또 다른 책이 펴져 있다고 이야기합니다. 먼저 책은 우리의 행위를 기록한 책이고 그 다음 책은 생명책입니다.

예수 그리스도를 믿고 생명책에 이름이 기록된 사람은 행위에 따른 심판을 받지 않습니다. 행위대로 심판 받으면 천국에 들어갈 사람이 아무도 없습니다. 그래서 생명책에 이름이 기록된 사람은 이 행위에 기록된 대로 심판을 받지 않습니다. 이것이 바로 예수님을 믿는 사람들의 특권입니다. 그래서 예수님을 믿는 것이 우리 인생에서 그렇게 중요한 것입니다. 여기에 대해서 예수님도 이미 말씀해 놓으셨습니다.

"내가 진실로 진실로 너희에게 이르노니 내 말을 듣고 또 나 보내신 이를 믿는 자는 영생을 얻었고 심판에 이르지 아니하나니 사망에서 생명으로 옮겼느니라." (요 5:24)

예수님을 믿는 자는 이미 영생을 얻었고 심판에 이르지 않는다고 주님이 분명히 이야기하셨습니다. 여기서 말하는 심판이 바로 '백보좌 심판'입니다. 그러면 주님을 믿는 사람들이 받는 심판이 아예 없을까요? 있습니다. 그것이 바로 성경 고린도후서에 나오는 그리스도인의 공적에 관한 심판입니다.

"그런즉 우리는 몸으로 있든지 떠나든지 주를 기쁘시게 하는 자가 되기를 힘쓰노라 이는 우리가 다 반드시 그리스도의 심판

대 앞에 나타나게 되어 각각 선악간에 그 몸으로 행한 것을 따라 받으려 함이라."(고후 5:9-10)

이것을 '그리스도의 심판'이라고 표현합니다. 이 심판은 천국에 갈 것인가, 지옥에 갈 것인가를 결정하는 심판은 아닙니다. 우리가 천국에 갈지 지옥에 갈지는 죽고 나서 결정되지 않습니다. 이 땅에서 결정됩니다. 예수 그리스도를 믿는 사람들은 죽으면 바로 천국에 갑니다. 그러나 그곳에서 그리스도의 심판대를 통과해야 합니다. 이곳은 성도의 행위를 심판하는 곳입니다. 여기에서 상급이 결정됩니다.

그러나 믿지 않는 사람들은 하데스(음부)라고 하는 일종의 지옥으로 간 후 나중에 '백보좌 심판대'에서 심판을 받은 후 영원한 지옥으로 떨어집니다. 이것이 두 심판의 큰 차이점입니다. 그리스도의 심판대에서 심판이 어떻게 진행되는지는 성경에 상세히 기록되어 있습니다.

"만일 누구든지 금이나 은이나 보석이나 나무나 풀이나 짚으로 이 터 위에 세우면 각 사람의 공적이 나타날 터인데 그 날이 공적을 밝히리니 이는 불로 나타내고 그 불이 각 사람의 공적이 어떠한 것을 시험할 것임이라 만일 누구든지 그 위에 세운 공적이 그대로 있으면 상을 받고 누구든지 그 공적이 불타면 해를 받으리니 그러나 자신은 구원을 받되 불 가운데서 받은 것 같으리라."(고전 3:12-15)

다시 한 번 강조하지만 그리스도를 믿는 사람들은 이미 하나님의 자녀가 되었기에 영생과 영벌에 대한 심판을 받지는 않습니다. '그리스도의 심판'은 믿는 사람들이 받을 상급에 대한 심판입니다. 엄밀히 말해 심판이라기보다는 테스트입니다. 각자가 쌓은 공로와 공적이 정말 하나님 앞에서 받아들일 만한 가치가 있는 공로인지 확인해서 거기에 맞게 상급을 주기 위한 테스트 성격의 심판입니다.

이 심판의 불을 통과하고 나면 우리가 주님을 위해 쌓아 올린 재료들이 무엇으로 만들어졌는지가 드러나게 됩니다. 12절에 보면 "만일 누구든지 금이나 은이나 보석이나 나무나 풀이나 짚으로 이 터 위에 세우면"이라고 말합니다.

이에 따르면 우리가 예수 그리스도의 기초 위에 쌓는 업적은 크게 보면 두 종류로 나뉜다는 것을 알 수 있습니다. 금이나 은이나 보석으로 이루어진 것과 나무나 풀이나 짚으로 이루어진 것입니다. 이 두 가지 재료는 겉으로 보기에는 다 그럴듯해 보입니다. 그러나 불 심판을 통과하고 나면 금이나 은이나 보석으로 지어진 것은 그대로 남지만 나무나 풀이나 짚으로 지어진 것은 다 타버려서 하나도 남지 않습니다. 그러면 하늘나라에서 받을 상급이 하나도 없어지게 됩니다.

여기서 두 재료의 차이는 무엇일까요? 금이나 은이나 보석은 값 비싸고 가치 있는 것입니다. 나무나 풀이나 짚은 쉽게 구할 수 있는 것이고 그다지 가치가 높지 않은 것입니다. 이것은 우리가 주님을 위해 일을 하고 공로를 쌓을 때의 마음 자세를 말해 주는 것입니다. 나 자신을 높이고 드러내기 위한 노력과 행위는 하나님 앞에서는 아무런 가치가 없습니다. 그러나 내가 아무리 작은 일을 하더라도 주님의 영광을 위해서 한 행위라면 그것은 주님께는 보석과 같이 가치가 있는 일입니다.

그러므로 여러분은 주님을 섬길 때 자신의 마음 자세를 돌아보아야 합니다. '내가 정말 진심으로 주님을 사랑하여 이 일을 하고 있는가? 정말 주님께 영광 돌리기 위해 이 일을 하는가? 아니면 나를 드러내고 나를 높이기 위해 이 일을 하고 있는가?' 하는 것을 자세히 살펴보아야 합니다.

국민일보 "역경의 열매" 코너에 도자기 분야의 명장으로 손꼽히는 박부원 장로님에 관한 글이 나온 적이 있습니다. 이분은 50년 이상 도자기를 만드는 데 인생을 바친 분인데 도자기와 인간이 유사한 점이 많다고 이야기합니다. 하나님이 흙으로 사람을 만드신 것처럼 도자기도 흙으로 다듬어서 만들어지는데 지금까지 자신이 수천 점의 도자기를 만들었지만 똑같은 도자기는 하나도 없었다고 합니다.

그리고 인간이 하나님의 생기를 받아야 살 수 있듯이 도자기도 1,300도의 가마불 속에서 연단을 거쳐야 완성된 도자기가 나온다고 합니다. 그러면서 그는 다음과 같은 의미심장한 말을 했습니다.

"겉모습을 완벽하게 빚었어도 1,300도 가마불 속에 들어갔다 나오면 어느 부분이 소홀했는지 금방 티가 난다. 불은 거짓말을 하지 않는다."[31]

불은 거짓말을 하지 않는다는 말이 참 인상 깊었습니다. 겉으로 그럴듯하게 만들어 놓아도 불가마를 통과해 보면 어디가 허술하게 만들어졌는지가 바로 드러난다는 것입니다. 이와 마찬가지로 우리도 나중에 하나님의 불 심판을 통과할 때 자신이 정말 어떤 부분에서 진정으로 주님을 섬겼고 또 어떤 부분에서 형식적으로 주님을 섬겼는지가 드러날 것입니다. 그러므로 누가 보든 보지 않든 최선을 다해 주님을 섬기는 것이 중요합니다.

주님을 섬기는 일에 있어서 한 가지 위로가 되는 사실은 하나님은 우리가 수고한 모든 시간과 노력을 결코 잊지 않으신다는 것입니다. 그러므로 주의 일을 하다가 힘들고 낙심되어도 실망하지 말고 끝까지 최선을 다해야 합니다.

"그러므로 내 사랑하는 형제들아 견실하며 흔들리지 말고 항상 주의 일에 더욱 힘쓰는 자들이 되라 이는 너희 수고가 주 안에서 헛되지 않은 줄 앎이라." (고전 15:58)

성경은 곳곳에 하나님이 우리가 주님의 이름으로 성도를 섬긴 수고를 잊지 않으신다고 말씀하십니다.

"하나님은 불의하지 아니하사 너희 행위와 그의 이름을 위하여 나타낸 사랑으로 이미 성도를 섬긴 것과 이제도 섬기고 있는 것을 잊어버리지 아니하시느니라." (히 6:10)

천국에서의 일

우리는 천국에서도 일이 있다는 사실을 기억할 필요가 있습니다. 물론 여기에 대해 주님을 위해 평생 수고하다가 죽었는데 천국에서도 계속해서 일을 해야 한다면 부담스럽다고 생각하는 사람도 있을 것입니다. 천국은 완전한 안식의 나라이기 때문에 천국에서는 아무것도 안 하면서 쉬어야 한다는 생각이 들 수도 있습니다.

그러나 그렇지 않습니다. 사람은 아무것도 안 하고 놀면 행복한 것이 아니고 허무해집니다. 천국에서 우리가 해야 할 일이 있을 때 우리는 진정한 기쁨을 느낄 것입니다. 여기에 대해 랜디 알콘은 다음과 같이 이야기했습니다.

"우리는 신실하게 일을 처리하면 우리의 여생 동안 휴가를 통해 보상 받아야 한다고 생각한다. 그러나 하나님께서는 우리에게 매우 다른 것을 제공해 주신다. 즉 더 많은 일과 더 많은 책임과 기회들을 주시며, 더불어 더 큰 능력과 자원, 지혜를 주신다. 우리는 날카로운 마음, 강한 몸, 분명한 목적 그리고 지칠 줄 모르는 기쁨을 가지게 될 것이다. 우리가 지금 그리스도를 많이 섬기면 섬길수록 천국에서 주님을 섬기는 우리의 능력도 그만큼 더 커진다."[32]

사실 에덴동산의 경우를 보면 낙원과 같은 에덴동산에서도 일은 있었습니다. 일은 아담이 타락하고 난 뒤에 저주로 주어진 것이 아닙니다. 아담은 타락 전에 하나님께 일의 명령을 받았습니다. 그것은 바로 다스리는 일이었습니다.

"하나님이 자기 형상 곧 하나님의 형상대로 사람을 창조하시되 남자와 여자를 창조하시고 하나님이 그들에게 복을 주시며 하나님이 그들에게 이르시되 생육하고 번성하여 땅에 충만하라, 땅을 정복하라, 바다의 물고기와 하늘의 새와 땅에 움직이는 모

든 생물을 다스리라 하시니라."(창 1:27-28)

그래서 우리가 천국에 가서 해야 할 중요한 일 중의 하나는 하나님과 함께 이 세상 우주 만물을 다스리는 것입니다. 하나님께서는 천지창조를 마치신 후 이 땅을 다스리는 권세를 아담과 그의 신부인 하와에게 주셨습니다. 아담은 인간의 대표이지만 하나님께서는 그의 아내인 하와가 그 모든 다스리는 일에 같이 동참하도록 하셨습니다. 앞으로도 마찬가지입니다. 하나님께서는 예수 그리스도의 신부인 우리들이 주님과 함께 이 온 우주를 같이 다스릴 수 있도록 해 주실 것입니다.

또한 우리는 하나님의 상속자입니다.

"너희가 거듭난 것은 썩어질 씨로 된 것이 아니요 썩지 아니할 씨로 된 것이니 살아 있고 항상 있는 하나님의 말씀으로 되었느니라."(벧전 1:23)

여러분이 영적으로 거듭나는 순간 하나님의 씨를 받아 하나님의 아들이 될 자격을 갖추게 됩니다. 그러므로 하나님의 자녀

된 자격으로 하나님께서 만드신 이 우주를 다스릴 자격을 부여 받게 됩니다.

성경에는 천국에서 받을 상급으로 면류관이 자주 나옵니다. 면류관이라는 것은 일종의 왕관입니다. 영어로도 'crown'이라고 표현됩니다. 그러므로 면류관을 받는다는 말에는 우리가 천국에서 통치자로서의 지위를 받는다는 의미가 들어 있습니다. 그러므로 면류관을 많이 받을수록 우리는 더 많은 영광을 받고 더 많이 다스리는 권한을 받게 될 것입니다. 성경에는 주님을 따르는 자들이 장차 주님과 함께 이 세상을 다스리게 된다는 개념들이 무척 많이 나옵니다.

"미쁘다 이 말이여 우리가 주와 함께 죽었으면 또한 함께 살 것이요 참으면 또한 함께 왕 노릇 할 것이요 우리가 주를 부인하면 주도 우리를 부인하실 것이라."(딤후 2:11-12)

"이기는 자와 끝까지 내 일을 지키는 그에게 만국을 다스리는 권세를 주리니."(계 2:26)

"이기는 그에게는 내가 내 보좌에 함께 앉게 하여 주기를 내가 이기고 아버지 보좌에 함께 앉은 것과 같이 하리라."(계 3:21)

예수님이 제자들에게 직접 하신 약속에도 이것이 명확하게 나타나 있습니다.

"이에 베드로가 대답하여 이르되 보소서 우리가 모든 것을 버리고 주를 따랐사온대 그런즉 우리가 무엇을 얻으리이까 예수께서 이르시되 내가 진실로 너희에게 이르노니 세상이 새롭게 되어 인자가 자기 영광의 보좌에 앉을 때에 나를 따르는 너희도 열두 보좌에 앉아 이스라엘 열두 지파를 심판하리라."(마 19:27-28)

여기서 중요한 것은 예수님께서 '세상이 새롭게 되어'라고 말씀했다는 것입니다. 저 먼 하늘나라가 아니라 이 세상에서 다스리는 것입니다. 그렇다고 지금 당장 이 세상을 다스린다는 말씀이 아닙니다. 앞으로 새롭게 되어 회복될 세상에서 다스린다는 것입니다.

하나님께서는 새 땅뿐만 아니라 새 하늘을 만드신다고 약속하셨습니다. 이 새 하늘에는 별과 행성과 우주공간이 다 포함됩니다. 인간의 타락으로 이 땅과 피조물만 타락한 것이 아니라 온 우주가 같이 타락했고 신음하게 되었습니다. 인간의 구속으로 말미암아 온 땅이 새로워진다면 이 우주가 하나님께서 창조하신 본래의 모습으로 다시 회복될 수 있습니다. 그렇게 된다면 이 우주는 너무나 놀랍고 아름답게 변할 것입니다. 그 광활한 우주를 우리가 주님께로부터 능력과 권세를 받아 다스린다고 생각해 보십시오. 상상만 해도 엄청나고 대단합니다.

사실상 우주의 크기는 인간의 이해력을 초월합니다. 지구와 태양과의 거리는 약 1억 5천만 킬로미터입니다. 그것만 해도 정말 엄청나게 먼 거리입니다. 그런데 지구에서 가장 가깝다고 하는 별도 태양보다 25만 배나 먼 곳에 위치하고 있습니다. 빛은 1초에 29만 9,792km를 날아갈 수 있습니다. 그래서 우리가 우주선을 타고 빛의 속도로 여행한다면 태양까지는 8분 40초 만에 도달할 수 있습니다. 그러나 그 속도로도 가장 가까운 별에 도달하는 데는 무려 4년이나 걸립니다. 그러니 우주 전체의 크기는 상상할 수가 없습니다. 우주의 가장자리까지 가는 데는 광속으로 달려도 200억 년이 걸린다고 합니다.[33]

하나님께서는 이 우주를 왜 이렇게 크게 만드셨을까요? 이 온 우주에 유일한 생명체가 지구에 있는 인간밖에 없다면 이 작은 지구를 위해 이렇게 큰 우주를 만드신 것은 어떻게 보면 너무 큰 낭비가 아닐까요? 여기에 대해 랜디 알콘은 다음과 같이 답합니다.

"우리는 믿을 수 없을 정도로 부자인 지주의 가족으로 태어났다. 주님과 그분의 후사인 그분의 자녀에게 속하지 않은 땅은 우주 전체에 한 치도 없다. 우리 아버지 하나님은 전 우주에 걸친 가족 비즈니스를 가지고 계시다. 그분은 우리에게 그 가족 비즈니스의 권리권을 맡기시고 또한 그것이 우리가 영원히 해야 할 일이다. 즉 하나님의 자산을 관리하고 그분의 우주를 통치하며, 그분의 형상을 입은 자로서, 그분의 자녀로서 그리고 대사로서 그분을 대표한다."[34]

하나님께서는 우리 인간에게 엄청난 통치권을 주시기 위해 이토록 광대한 우주를 만드신 것입니다. 그러므로 저는 다스림에도 계급이 있을 것이라고 생각합니다. 더 많은 책임을 맡아 다스리는 사람과 그보다 좀 더 작은 책임을 맡아 다스리는 사람이 있을 것입니다. 이에 따라 다스리는 범위도 달라질 것입니다. 행성 전체를 다스리는 사람도 있고 은하계 전체를 다스리는 사람도 있을 것입니다. 그렇다면 어떤 사람이 더 많이 다스릴까요? 먼저는 더 겸손히 주님을 섬긴 사람이라고 생각합니다. 여기에 대한 성경적 근거도 있습니다.

"무릇 자기를 높이는 자는 낮아지고 자기를 낮추는 자는 높아지리라." (눅 14:11)

자신을 낮추고 겸손히 주님을 더 많이 섬긴 사람은 분명히 거기에 따른 보상이 있을 것입니다. 그렇게 생각하면 예수님이 팔복에 하신 말씀에는 우리가 생각하는 것 이상의 의미가 있을 수도 있습니다.

"온유한 자는 복이 있나니 그들이 땅을 기업으로 받을 것임이요." (마 5:5)

온유하고 겸손한 자가 말 그대로 정말 더 많은 땅을 차지하고 다스릴 수 있는 권한을 받게 될 것입니다.

그리고 또 하나는 복음을 위해 더 많이 영향력을 끼친 사람이 더 많이 다스리게 될 것입니다. 이것도 성경적인 근거가 있습니다. 성경에 나오는 므나 비유가 바로 그것입니다. 므나 비유에 보면 어떤 귀인이 왕위를 받으러 멀리 떠나는데 종들에게 똑같이 각각 한 므나씩을 주며 장사하라고 이야기하고 갑니다.

그리고 나중에 귀인이 왕위를 받아 가지고 돌아와 보니 똑같은 한 므나를 주었는데 어떤 사람은 그것을 가지고 열 므나를 남겼고 어떤 사람은 다섯 므나를 남겼습니다. 그런데 여기에 대해 주인이 주는 상급이 다릅니다.

"주인이 이르되 잘하였다 착한 종이여 네가 지극히 작은 것에 충성하였으니 열 고을 권세를 차지하라 하고 그 둘째가 와서 이르되 주인이여 당신의 한 므나로 다섯 므나를 만들었나이다 주인이 그에게도 이르되 너도 다섯 고을을 차지하라 하고." (눅 19:17-19)

여기서 중요한 것은 비례의 법칙입니다. 그들은 자신이 남긴 것만큼 고을의 권세를 차지합니다. 열 므나를 남긴 사람은 열 고을 권세를 차지하고 다섯 므나를 남긴 사람은 다섯 고을 권세를 차지합니다. 그렇다면 여기서 고을의 권세를 차지한다는 말이 무슨 뜻입니까? 이것이 바로 주님과 함께 얼마나 많은 지역을 다스리는 권세를 가지게 되는가 하는 것을 의미하는 것입니다.

그렇다면 여기서 므나는 무엇일까요? 므나가 무엇이기에 므나를 많이 남기는 것이 그토록 중요한 것일까요? 므나는 복음이라고 봅니다. 예수님 믿는 사람들에게 똑같이 주어진 것은 바로 복음입니다. 우리는 이 복음을 가지고 장사해야 할 책임이 있습니다. 이 복음을 가지고 나누고 전하여서 더 많은 사람이 구원을 받게 해야 합니다.

그런 면에서 므나는 달란트하고 다릅니다. 이 므나 비유와 유사한 것이 바로 달란트 비유입니다. 그러나 알고 보면 전혀 다른 비유입니다. 달란트 비유는 다음과 같이 시작합니다.

"또 어떤 사람이 타국에 갈 때 그 종들을 불러 자기 소유를 맡김과 같으니 각각 그 재능대로 한 사람에게는 금 다섯 달란트

를, 한 사람에게는 두 달란트를, 한 사람에게는 한 달란트를 주고 떠났더니."(마 25:14-15)

여기 달란트 비유를 보면 므나 비유와 달리 주인이 타국에 가면서 그의 종들에게 각각 다른 달란트를 맡깁니다. 나중에 주인이 돌아와서 보니 다섯 달란트 받은 자는 장사하여 다섯 달란트를 남겼고, 두 달란트 받은 자도 장사하여 두 달란트를 남겼습니다. 주인은 이 둘을 칭찬하였고, 받은 달란트를 땅에 감추어 두었다가 그대로 주인에게 내어놓은 한 달란트 받은 자는 책망하였습니다.

여기서 달란트란 무엇입니까? 한국식 영어로 표현해서 연기자들을 탤런트talent 라고 합니다. 그래서 달란트는 우리가 가지고 있는 재능입니다. 성경에도 달란트 비유를 이야기하면서 주인이 '각각 그 재능대로' 달란트를 맡겼다고 이야기합니다. 이 재능은 사람마다 각각 다릅니다. 그래서 어떤 사람은 다섯 달란트 능력이 있는 사람이 있고 어떤 사람은 두 달란트 능력이 있는 사람이 있습니다. 그러나 중요한 것은 자기 달란트에 최선을 다해 그대로 남기면 똑같이 칭찬받는다는 사실입니다.

그런데 여기서 중요한 것은 달란트와 므나를 연결하는 능력입니다. 하나님께서 각자에게 주신 모든 재능, 시간, 능력, 사회적 지위 등이 달란트라고 볼 때 사실은 이 모든 달란트들은 바로 우리가 가진 므나를 극대화하기 위해 주어진 것이라는 사실을 알아야 합니다.

다시 말하면 하나님께서 여러분에게 다양한 재능을 주신 것은 그 모든 것들을 최대한 이용하여서 여러분들이 가진 복음의 영향력을 최대한 많은 사람들에게 끼치기 위한 목적으로 주셨다는 것입니다. 이 사실을 알고 나면 우리의 인생이 딱 정리가 됩니다. 하나님께서 각자에게 다양한 달란트를 주신 것은 그것을 가지고 인기를 누리고 잘 먹고 잘 살라고 주신 것이 아니라는 사실입니다.

여러분이 가진 모든 달란트는 자신에게 주어진 므나를 극대화하기 위해 주어진 것이라는 사실을 반드시 기억해야 합니다. 즉 여러분이 자신의 달란트를 계발하여 성공하고 부자가 되고 유명한 사람이 되면 그것을 가지고 반드시 므나, 즉 복음을 확대하는데 사용해야 한다는 것입니다. 그럴 때 그 사람은 하나님께 많은 칭찬을 받을 것이고 하나님 나라에서 더 많은 것을 다스리는 축복을 받게 될 것입니다.

그래서 인생이라는 것이 복잡해 보여도 정리해 보면 단순합니다. 다음에 나오는 내용이 바로 하나님 앞에서 성공적인 인생을 살기 위한 공식입니다.

1. 나의 달란트를 발견한다.
2. 그것을 가지고 최대한 계발하여 영향력 있는 존재가 된다.
3. 그 영향력을 가지고 최대한 많은 사람들에게 복음을 전한다.

이것이 인생 성공의 법칙입니다. 이렇게 살면 우리 인생이 단순해집니다. 그리고 하나님 앞에서 성공하는 인생이 됩니다. 많은 사람들이 달란트를 계발하지 않고 썩혀 둡니다. 하나님께 책망 받을 인생입니다. 어떤 사람은 달란트를 계발해서 세상에서는 성공한 인생이 되었는데 복음의 영향력은 끼치지 못하고 삽니다. 하나님이 안타까워할 인생입니다. 그러나 어떤 사람은 달란트를 최대한 계발하여 그것을 가지고 최대한 많은 사람들을 구원의 길로 인도합니다. 하나님이 참으로 기뻐하실 인생입니다. 우리는 이러한 사람이 되어야 합니다.

언젠가 내가 주님과 함께 이 세상 모든 것을 다스린다고 생각하면 얼마나 재미있고 신기합니까? 그런데 여기서 더 재미있는 것은 하나님의 백성이 다스릴 대상에는 동물도 포함될 것이라는 사실입니다. 저는 과거에는 천국에는 동물이 없다고 생각했습니다. 그 이유는 인간은 영혼이 있어서 죽고 나면 천국으로 들어갈 수 있지만 동물에게는 영혼이 없기 때문에 우리가 키우던 동물이 죽으면 천국으로 들어가는 일은 없다고 본 것입니다.

물론 그 말은 맞습니다. 여러분이 키우던 동물이 거듭나서 천국 가는 일은 없을 것입니다. 그러나 천국에 동물이 없다는 말은 맞지 않는 것 같습니다. 성경에 보면 천국에 동물들이 나옵니다. 일단 네 생물이 나오지요. 여기서 생물은 원어로 '준'zoon 이라는 단어인데 성경 다른 곳에는 짐승이나 동물이라는 의미로 사용되는 단어입니다. 그리고 예수님이 다시 재림하실 때 무엇을 타고 오십니까?

"또 내가 하늘이 열린 것을 보니 보라 백마와 그것을 탄 자가 있으니 그 이름은 충신과 진실이라 그가 공의로 심판하며 싸우더라."(계 19:11)

예수님은 분명히 말을 타고 오십니다. 이것은 천국에도 동물이 있다는 것을 보여 줍니다. 비록 이 땅에 살던 동물들이 거듭나서 천국에 가지는 않겠지만 하나님께서는 우리를 위해 다시 회복될 새 땅에 동물들을 많이 주실 것이라고 생각합니다. 요즘 동물들을 좋아하는 사람들이 많이 있는데 하나님도 동물에 관심이 많으십니다. 성경에는 120종류의 동물 이름이 나온다는 사실을 여러분은 알고 계십니까?[35]

노아의 방주를 통해 이 세상을 구원하실 때 방주 안에 동물들을 넣으신 분도 하나님이십니다. 하나님은 인간뿐만 아니라 모든 피조물이 하나님의 구원의 은혜를 찬양하기를 원하십니다.

"내가 또 들으니 하늘 위에와 땅 위에와 땅 아래와 바다 위에와 또 그 가운데 모든 피조물이 이르되 보좌에 앉으신 이와 어린 양에게 찬송과 존귀와 영광과 권능을 세세토록 돌릴지어다 하니." (계 5:13)

여기서 모든 피조물은 동물도 포함되는 것으로 보는 것이

맞습니다. 하나님은 당신의 재능을 낭비하지 않습니다. 이 땅에서 동물만큼 하나님의 창조성과 다양한 예술 감각을 드러내는 것이 어디에 있겠습니까? 기린의 목과 코끼리의 코와 공작의 화려한 날개를 한번 생각해 보십시오. 기기묘묘하게 생긴 화려하고 다양한 동물들은 하나님의 유머 감각을 드러내기도 합니다. 하나님이 이 모든 것들을 다 없애 버리실까요? 그렇다면 그만큼 큰 낭비가 어디에 있겠습니까?

하나님은 천국에서도 우리가 이 모든 다양한 동물들을 보면서 하나님의 위대하심을 찬양하게 하실 것입니다. 회복된 새 땅에서 여러분은 동물들과 함께 아주 유쾌하고 재미있는 시간을 보낼 것입니다.

"이리와 어린 양이 함께 먹을 것이며 사자가 소처럼 짚을 먹을 것이며 뱀은 흙을 양식으로 삼을 것이니 나의 성산에서는 해함도 없겠고 상함도 없으리라 여호와께서 말씀하시니라." (사 65:25)

그때가 되면 우리는 사자와 어울려서 놀 수도 있으며 사자 갈기를 베고 누워 볼 수도 있습니다. 그리고 그보다 더 엄청난 일이 있을 수도 있습니다. 이것은 100% 확신할 수 있는 것은 아니지만 상상력을 조금 더 발휘해 보면 동물들과의 대화도 가능할지 모릅니다. "무슨 말이냐? 지금 동화 쓰는 거냐?" 하고 물으실 분도 있으실지 모르겠지만 놀랍게도 어느 정도 성경적 근거가 있습니다. 성경에 보면 발람이 발락 왕의 꾐에 빠져 이스라엘을 저주하러 갈 때 하나님께서 나귀의 입을 여셔서 발람과 대화하게 하신 내용이 나옵니다.

"여호와께서 나귀 입을 여시니 발람에게 이르되 내가 당신에게 무엇을 하였기에 나를 이같이 세 번을 때리느냐." (민 22:28)

죄악으로 타락한 이 세상에서도 하나님께서 동물이 인간과 대화할 수 있게 하셨다면 모든 것이 새롭게 회복된 새 땅에서 우리가 동물들과 대화를 나눌 수 없을 이유가 무엇이겠습니까?

이런 것을 생각해 보면 우리가 누릴 영원한 천국의 기쁨과 즐거움은 상상을 초월할 것 같습니다. 낙상의 위험 없이 말을 타고 평원을 질주해 본다든가 독수리의 날개 위에 타고 창공을 마음껏 날아보는 것도 상상 속의 이야기만은 아닐 것으로 생각됩니다.

특별히 여기서 또 한 가지 예상할 수 있는 놀라운 가능성은 멸종된 동물들도 새로운 세상에서는 다시 나타날 수도 있을 것이라는 것입니다. 하나님께서 다 회복시키실 수 있기 때문입니다. 그래서 천국에서 공룡들을 만날 수 있을지도 모릅니다. 이 땅에서는 공룡들을 뼈로서만 만나 왔는데 천국에서는 살아 있는 공룡으로서 만날 수도 있습니다. 그렇게 되면 쥬라기 공원은 아무것도 아닐 것입니다. 물론 그곳은 천국이니까 공룡들이 공격적이지 않고 착하고 온순할 것입니다. 그래서 상황이 허락된다면 공룡을 애완동물로 가지거나 익룡을 타고 날아 볼 기회를 가질 수 있을지도 모릅니다. 너무 비약이 심한 상상이라고 말할지도 모르겠지만 그런 일이 절대로 일어나지 않을 것이라고 말할 근거도 없습니다.

그리고 더 놀라운 사실은 새 하늘과 새 땅에서 우리가 다스리는 것은 단순히 동물들만이 아니라 심지어는 천사들도 다스리게 된다는 것입니다.

"성도가 세상을 판단할 것을 너희가 알지 못하느냐 세상도 너희에게 판단을 받겠거든 지극히 작은 일 판단하기를 감당하지 못하겠느냐 우리가 천사를 판단할 것을 너희가 알지 못하느냐 그러하거든 하물며 세상 일이랴."(고전 6:2-3)

여기서 판단한다는 말은 일종의 통치를 의미하는 것인데 동사 형태를 보면 우리가 천사들을 단 한번만이 아니라 계속해서 판단하고 다스릴 것을 말하고 있습니다. 참으로 놀라운 이야기입니다. 하나님께서 우리를 자녀 삼아 주시고 이렇게까지 높여 주시는 것입니다. 이것이 바로 일찍이 다윗이 영감으로 이야기 한 것이 실현되는 순간입니다.

"사람이 무엇이기에 주께서 그를 생각하시며 인자가 무엇이기에 주께서 그를 돌보시나이까 그를 하나님보다 조금 못하게 하시고 영화와 존귀로 관을 씌우셨나이다 주의 손으로 만드신 것을 다스리게 하시고 만물을 그의 발 아래 두셨으니."(시 8:4-6)

지금 이 땅에서 하고 있는 것은 리더십 훈련입니다. 천국에서도 리더십이 정말 중요합니다. 이 땅은 일종의 학교와 같다고 보면 됩니다. 우리는 이 땅이라고 하는 학교에서 충성하는 법, 다른 사람을 사랑하고 섬기는 법, 온유하고 인내하는 법 등을 배우고 훈련받고 있는 중입니다. 훈련이 힘들어도 불평하면 안 됩니다. 왜냐하면 훈련이라는 것은 원래 힘든 것이기 때문입니다.

중요한 것은 천국에 갔을 때 이 땅에서 힘들게 훈련받고 배운 것들이 다 쓰임 받을 것이라는 사실입니다. 주님과 함께 온 우주만물을 통치하고 다스릴 때 이 땅에서 배운 모든 것들이 하나도 낭비되지 않고 다 쓰임 받을 것입니다. 그 생각을 하면 이 땅에서 좀 더 좋고 편한 것만 찾으려고 하기보다는 주님 앞에 좀 더 철저히 낮아지고 섬기는 훈련을 받아야겠다는 생각이 들게 됩니다.

저는 상급에 대해 생각할 때 참 좋아하는 한 구절이 있습니다. 달란트 비유와 므나 비유에서 주님이 공통적으로 하신 말씀입니다.

"그 주인이 이르되 잘하였도다 착하고 충성된 종아 네가 적은 일에 충성하였으매…." (마 25:21)

"주인이 이르되 잘하였다 착한 종이여 네가 지극히 작은 것에 충성하였으니…." (눅 19:17)

여기서 공통적으로 강조하는 말은 '적은(작은) 일에 충성'했다는 말입니다. 그렇습니다. 우리가 이 땅에서 하는 일은 아무리 대단한 일을 했더라도 지극히 작은 것에 불과합니다. 왜냐하면 다음 세상에서 해야 할 일들은 지금 이 땅에서 하는 일에 비해 너무나 엄청난 일들이기 때문입니다. 이 땅의 한계를 뛰어넘는 영적인 일이며 또한 이 지구를 뛰어넘는 우주적인 일이기 때문입니다. 이것을 생각하면 우리 마음에 소망이 넘칩니다.

천국에서의 끝없는 모험

우리는 천국이 지루하고 재미없을 것이라고 생각해서는 안 됩니다. 그곳은 끝없는 모험이 펼쳐지는 놀라운 장소가 될 것입니다. 많은 사람들이 천국을 끝이 없는 교회 예배 정도로 생각합니다. 그들은 영원이라는 개념 속에 있는 천국을 마치 찬송가 첫

장부터 끝장까지 끝없이 부르는 지루한 예배로 생각합니다. 이런 사람들의 잘못된 인식을 데이비드 로이드 조지라는 사람은 다음과 같이 잘 표현하고 있습니다.

"어린 소년 시절에 천국을 생각하면 지옥보다 더 무서웠다. 나는 천국을 영원히 주일이어서 끊임없이 예배가 진행되고 그곳에서 빠져나올 수 없는 곳으로 생각했다."[36]

사탄이 성공적으로 한 일 가운데 하나는 교회 예배를 지루하게 만든 것입니다. 교회 예배가 지루함으로 인해 사람들은 천국도 지루한 곳으로 생각하는 경향이 있습니다. 그러나 하나님께서 우리에게 주신 영원은 그런 것이 아닙니다. 물론 천국에는 예배가 있습니다. 천국에서 할 일 중 가장 중요한 일은 하나님을 찬양하고 예배하는 일일 것입니다. 그러나 그것은 여러분이 생각하는 그런 지루한 예배가 아닙니다.

이것과 가장 가까운 예는 아주 은혜로운 교회의 수련회나 집회를 생각해 보시면 될 것입니다. 정말 은혜로운 집회나 수련회를 하게 되면 어떤 마음이 듭니까?

"여기가 천국이다. 이렇게 매일 같이 모여 예배만 드리면 좋겠다. 하나님을 찬양하는 것이 너무 행복하고, 말씀 듣는 것이 너무 즐겁고, 사람들과 교제하는 것이 너무 기쁘다."

이런 마음이 생기지 않습니까? 이 땅에서의 불완전한 예배와 불완전한 찬양 그리고 불완전한 설교에도 이렇게 은혜를 받는데 성령 충만한 천국에서의 예배와 찬양 시간은 얼마나 신나고 재미있고 은혜로울까요?

저는 개인적으로 이것을 살짝 맛본 적이 있습니다. 1988년도에 한국에서 "88 서울올림픽"이 있었습니다. 그때 예수전도단 YWAM 이라는 선교 단체에서 올림픽 기간 중에 전도를 하기 위해 전 세계에서 수많은 그리스도인들을 서울로 불러 모았습니다. 이들이 영적 준비를 하기 위해 서울의 한 대형 교회를 빌려서 일주일 가량 먹고 자면서 집회를 했는데 제가 통역으로 자원봉사를 하게 되어 그들과 함께 머물게 되었습니다.

그런데 사실 예수전도단이 상당히 성령 충만한 단체입니다. 그래서 그들과 같이 지내면서 예배를 드리는데 영어로 한 목소리로 찬양을 하는데 성령님이 강력하게 임재하시니 매우 큰 은혜가 임하는 것입니다. 전 세계 수십 개국에서 온 사람들과 함께 뛰고 춤추면서 찬양을 하는데 "야 여기가 바로 천국이구나." 하는 생각이 들었습니다. 천국은 결코 지루한 곳이 아닙니다. 활력과 에너지와 구원받은 은혜와 감격이 넘치는 곳입니다. 이와 비슷한 장면이 성경에 나옵니다.

"이 일 후에 내가 보니 각 나라와 족속과 백성과 방언에서 아무도 능히 셀 수 없는 큰 무리가 나와 흰 옷을 입고 손에 종려 가지를 들고 보좌 앞과 어린 양 앞에 서서 큰 소리로 외쳐 이르되 구원하심이 보좌에 앉으신 우리 하나님과 어린 양에게 있도다 하니." (계 7:9-10)

요한이 목격한 하늘나라 풍경입니다. 요한이 보니 천국에서 각 나라와 족속과 백성과 방언에서 셀 수 없는 큰 무리가 나와서 하나님을 찬양한다고 이야기합니다.

여러분, 천국에서 우리는 어떤 언어를 사용할까요? 저는 천국에서는 공통 언어가 있을 것이라고 생각합니다. 그것이 영어라고 생각하지는 않습니다. 누구나 알아들을 수 있는 천국 방언이 있을 것입니다. 이것이 공식 언어일 것입니다.

그러나 여기에 상상력을 조금 더해 보면 천국에서는 각자의 언어를 사용하는 것도 허락될지 모릅니다. 방금 나온 성경 말씀에도 각 나라와 족속과 백성과 방언에서 사람들이 나와서 하나님을 찬양하는 모습이 나옵니다. 이 목소리가 한 언어일 수도 있지만 각자의 언어일 수도 있습니다. 그러나 중요한 것은 천국에서는 우리가 각기 다른 사람들의 언어를 다 알아들을 수 있을 것이라는 사실입니다. 그 한 예가 성경에 있습니다. 오순절에 성령을 받았을 때 그 자리에 있던 사람들에게 일어난 일입니다.

"이 소리가 나매 큰 무리가 모여 각각 자기의 방언으로 제자들이 말하는 것을 듣고 소동하여 다 놀라 신기하게 여겨 이르되 보라 이 말하는 사람들이 다 갈릴리 사람이 아니냐 우리가 우리 각 사람이 난 곳 방언으로 듣게 되는 것이 어찌 됨이냐."(행 2:6-8)

어떻게 보면 입이 방언한 것이 아니라 귀가 방언한 것이라고 표현할 수 있겠습니다. 각자 자기의 언어로 이야기했는데 듣는 사람들에게는 자신들에게 친숙한 언어로 들린 것입니다. 어차피 바벨탑 사건 전에는 이 세상의 언어가 하나였습니다. 인간의 언어를 흩어지게 만드신 하나님께서 각자의 언어로 왜 서로 소통하게 못하시겠습니까?

하나님은 단조로운 하나님이 아니고 다양성을 좋아하시는 하나님이십니다. 꽃잎 하나도 똑같이 만들지 아니하시고 하늘에서 떨어지는 눈송이도 각각 다르게 만드셨는데 그 하나님께서 천국에서 모든 인간의 개성이나 민족성이나 언어를 말살시켜 버리고 그들이 똑같은 언어를 쓰게 만드실까요? 공식적인 언어는 필요하면 통일해서 쓰시겠지만 여전히 사람들이 자신들의 언어를 말하게 하시지 않을까요? 여러 민족에서 다양한 언어로 하나님을 찬양할수록 하나님이 더 영광 받으시지 않겠습니까?

사실 독일어라고 하면 사람들이 좀 딱딱한 언어라고 하는 이미지를 가지고 있습니다. 저도 그렇게 생각했습니다. 그런데 제가 오래전에 독일에 선교 여행을 갔을 때 독일 사람들이 독일어로 찬양을 부르는 것을 들었는데 그렇게 아름다울 수가 없었습니다. 그리고 중국어도 익숙하지 않은 사람에게는 이상하게 들릴 수도 있지만 제가 신학교 때 어떤 전도사님이 중국 방언을 받아서 중국어로 찬양하는 소리를 들었는데 정말 너무나 아름다웠습니다.

또한 라틴계 사람들이나 아프리카 사람들의 찬양은 그 나름대로 얼마나 정열적이고 역동적입니까? 이렇게 볼 때 각 나라의 언어로 찬양할 때 그 찬양은 나름대로의 독특한 멋과 아름다움이 있을 것이며 그로 인해 하나님은 더욱 풍성히 영광을 받으실 것입니다. 그러므로 하나님께서는 천국에서 어떻게 해서든 각자의 민족의 언어를 말살시키지 않고 사용할 수 있게 하실 것이라고 믿습니다.

그리고 더 나아가 천국에서의 놀라운 경험은 이것만이 아닐 것입니다. 그 이상의 것이 있습니다. 히브리서 11장 16절 말씀에는 천국을 한 성이라고 표현합니다.

"그들이 이제는 더 나은 본향을 사모하니 곧 하늘에 있는 것이라 이러므로 하나님이 그들의 하나님이라 일컬음 받으심을 부끄러워하지 아니하시고 그들을 위하여 한 성을 예비하셨느니라."

이 말씀에 성이라고 표현되어 있는 부분은 영어로는 'city', 즉 '도시'라고 되어 있습니다. 도시라고 하면 떠오르는 이미지가 있습니다. 도시에는 건물이 있고, 문화, 예술, 음악, 운동, 상품, 서비스 그리고 온갖 종류의 사건이 있습니다. 도시에서 사람들은 활발한 활동을 합니다.[37] 친한 사람들과 외식을 하거나 공연이나 영화를 보면서 문화생활을 누리기도 하고 직장 생활을 하면서 열심히 일을 하기도 합니다. 이 땅의 도시에 모든 것이 있다면 이러한 것들이 천국에서는 없어야 할 이유가 무엇입니까?

물론 천국 도성에서의 삶이 이 땅에서의 삶과 정확히 일치하지는 않겠지만 천국의 삶이 이 땅에서보다 더 풍성하면 했지 못할 리는 없을 것입니다. 이것은 결코 허황된 생각이 아닙니다. 신학자 A. A. 핫지 A. A. Hodge 는 미래에 이루어질 천국에 대해 다음과 같이 말했습니다.

"하나님이시며 사람이신 그분과 인류 중에 구속받은 자들의 영원한 집인 천국은 그 구조와 조건 그리고 활동에 있어서 완전히 인간성을 띨 것이다. 천국에서의 즐거움과 활동은 모두가 합리적이고 도덕적이며 감성적이고 자발적이며 능동적인 것임에 틀림없다. 그곳에서는 모든 신체 기관들이 사용되고, 모든 미각이 만족되며, 모든 재능을 사용하고, 모든 이상들이 실현될 것이다. 지성, 지적 호기심, 상상, 미학적 본능, 거룩한 애정, 친교 그리고 인간의 영혼에 내재된 힘과 능력의 무한한 차원 모두는 천국에서 사용되고 만족될 것이다. 그리고 장차 우리 앞에는 언제나 힘쓸 목표가 있을 것이다. … 천국은 우주의 모든 역사와 모든 창조의 절정을 이룰 것이다."[38]

이 땅에서 우리가 하는 모든 일들은 결국 궁극적으로 하나님의 영광을 위한 것입니다. 하나님은 자신의 영광을 위해 이 땅에 음악, 미술, 과학, 문학, 예술 등을 허락하셨습니다. 인간에게 지성을 주시고 섬세한 감정과 오감을 주셨습니다. 이 모든 것들은 결국 우주를 창조하신 하나님을 인정하고 높이기 위한 것입니다. 비록 인간의 타락으로 인해 이러한 문화, 예술, 학문의 활동이 잠시 방해되고 왜곡되었지만 때가 되면 하나님께서는 이 모든 것들을 회복하여 온전히 하나님의 영광을 위해 사용하게 하실 것입니다.

그러므로 천국에서 하게 될 일은 이 땅에서 하던 일의 연속성에 있게 될 가능성이 많습니다. 혹은 현재 단지 취미나 재미로 했던 일들이 저 세상에서 아주 중요한 직업이 될 수도 있습니다. 중요한 것은 그 일들이 무엇이든 간에 그것은 우리를 더 행복하게 만들어 주며 우리 속에 있는 가능성을 극대화해 줄 것입니다. 제임스 캠벨 James M. Campbell 은 다음과 같이 말합니다.

"내세에서의 일은 어떤 일이든 간에 구체적으로 각 개인의 적성과 능력에 맞는 일일 것이다. 그 일은 그가 가장 잘 할 수 있는 일일 것이며 그 안에 있는 모든 잠재력을 최대한 발휘할 수 있는 일일 것이다."[39]

천국에서도 공부는 계속될 것입니다. 이 말을 들으면 학생들은 싫어할 수도 있겠지만 여기서 공부는 지겹고 괴로운 것이 아닙니다. 하나님에 대해 더 알아가는 기쁨을 누릴 것이라는 말입니다. 물론 어떤 사람은 천국에 가면 모든 것을 다 알기 때문에 이제 더 이상 지식의 성장은 없을 것이라고 말하기도 합니다. 그러나 그렇지 않습니다. 우리가 천국에 가면 이 땅의 지식보다 더 온전한 지식을 가질 것이지만 모든 것을 다 알지는 못합니다.

오직 하나님만이 전지전능하시기 때문입니다. 성경에 이런 말씀이 있습니다.

> "다섯째 인을 떼실 때에 내가 보니 하나님의 말씀과 그들이 가진 증거로 말미암아 죽임을 당한 영혼들이 제단 아래에 있어 큰 소리로 불러 이르되 거룩하고 참되신 대주재여 땅에 거하는 자들을 심판하여 우리 피를 갚아 주지 아니하시기를 어느 때까지 하시려 하나이까 하니 각각 그들에게 흰 두루마기를 주시며 이르시되 아직 잠시 동안 쉬되 그들의 동무 종들과 형제들도 자기처럼 죽임을 당하여 그 수가 차기까지 하라 하시더라."(계 6:9-11)

천국에서 순교자들이 하나님께 질문하는 것을 보십시오. 이것은 그들이 계속적으로 묻고 배우는 과정에 있다는 것을 의미합니다. 천국에서도 우리는 지적인 성장을 계속할 것입니다. 하나님에 대해, 하나님이 하신 일에 대해서 알고 배우는 것이 영원히 끝이 없을 것입니다. 성경에 보면 천사들도 배우는 것이 필요하다는 암시가 있습니다.

"이 섬긴 바가 자기를 위한 것이 아니요 너희를 위한 것임이 계시로 알게 되었으니 이것은 하늘로부터 보내신 성령을 힘입어 복음을 전하는 자들로 이제 너희에게 알린 것이요 천사들도 살펴보기를 원하는 것이니라." (벧전 1:12)

천사들이라고 모든 지식이 완전히 있는 것이 아닙니다. 그들도 살펴보고 연구해 보고 배워가야 할 지식이 있습니다. 우리도 마찬가지입니다. 하나님은 무한 무궁하시고 온 우주보다 크신 분이시기 때문에 그분에 대해 배우고 알고 하는 일만 해도 영원히 끝이 없을 것입니다. 그뿐 아니라 하나님께서 만드신 우주는 또 얼마나 큽니까? 우리가 알아야 할 것은 천국은 정체된 곳이 아니라 신선한 자극으로 가득한 곳이며 하나님의 위대하심을 점점 더 깊이 알아가는 곳일 것이라는 사실입니다. 그곳에서 우리는 하나님의 영광을 알고 계속해서 더욱더 그분의 위대하심을 발견해 나감으로써 더욱더 풍성한 축복을 누릴 것입니다.

이 땅에서는 누구나 제한적인 삶을 살게 됩니다. 각자의 인생이 짧고 경험할 수 있는 것이 한정되어 있기에 사실상 극히 일부분밖에 경험하지 못하고 죽게 됩니다. 우리가 읽어 보지 못한 책도 너무나 많고 우리가 먹어 보지 못한 음식도 너무나 많으며, 우리가 방문해 보지 못한 곳도 너무나 많습니다. 그러나 하나님께서 주실 새 하늘과 새 땅에서는 우리의 경험이 제한되지 않을 것입니다.

우리는 날마다 새로운 것들을 경험할 것이며, 새로운 사람들을 만나게 될 것이며, 새로운 장소를 방문할 수 있게 될 것입니다. 수많은 도시들과 나라들뿐만 아니라 수많은 행성들, 은하계와 우주 곳곳을 방문하고 구경할 수 있게 될 것입니다. 하나님이 이 우주를 이토록 크게 만드신 이유가 있는 것입니다. 우리가 천국에서 영원토록 모험할 수 있도록 이렇게 엄청난 우주를 만드신 것입니다.

물론 그 무엇보다 멋진 것은 예수님을 직접 만나는 일일 것입니다. 나를 위해 죽으시고 다시 사신 예수 그리스도, 나를 위해 자신의 생명을 주신 예수님을 직접 만나는 순간이야말로 천국에서 가장 행복한 순간일 것입니다. 그러나 우리의 행복은 그것으로 끝나는 것이 아닙니다. 그 외에도 천국에서 우리의 지적 수준은 한 차원 높아지기 때문에 그 분야의 대가들에게 배울 수 있는 많은 기회가 주어질 것입니다.

천국에서 아이작 뉴턴, 토마스 에디슨과 과학을 논하고 파스칼과 수학을 논하는 것이 어떨지 상상해 보십시오. C. S. 루이스와 존 번연, 도스토예프스키와 같은 저자들과 책을 읽고 같이 토론하는 모습을 생각해 보십시오. 어거스틴이나 칼빈, 루터와 신학을 논하고 조지 횟필드나 조나단 에드워즈 그리고 찰스 스펄전 같은 분들과 함께 그들의 설교를 듣고 느낀 점을 논한다든가 조지 뮬러나 빌 브라이트 같은 분과 함께 믿음에 관해 논할 수도 있을 것입니다. 또한 아브라함 링컨과 함께 남북전쟁 시대를 같이 탐구할 수도 있고 윌리엄 캐리나 허드슨 테일러와 함께 선교 역사를 나눌 수도 있습니다.[40]

혹은 렘브란트나 헨델과 함께 미술이나 음악에 대해 논하는 기회를 가질 수도 있습니다. 그 외에도 우리는 성경에 나오는 다양한 인물들을 직접 만나 이야기할 기회를 가질 수 있을 것입니다. 엘리야를 만나 갈멜산의 대결에 대해 직접 들어볼 수도 있고 바울을 통하여 초기 선교 역사에 대해 들어볼 수도 있으며 베드로를 만나 그의 좌절과 회복에 관한 이야기를 들어볼 수도 있습니다.

제가 천국에서 꼭 만나 보고 싶은 분은 저에게 영어 성경을 가르쳐 주었던 구의령 具義寧, William A. Grubb 선교사님입니다. 선교사님이 한국에 오셔서 평생을 헌신하며 수고하신 그 열매가 저와 제 동생과 여러 학생들을 통해 얼마나 많은 열매를 맺었는가를 꼭 말씀드리고 싶습니다.

그리고 또한 기회가 되면 안이숙 여사님을 꼭 만나 보고 싶습니다. 이분은 일제강점기에 신사참배 반대를 하다가 6년간 옥고를 치르시고『죽으면 죽으리라』는 책을 통해 많은 사람들에게 은혜를 끼치신 분입니다. 이분을 천국에서 만나 뵈면 제가 안 여사님이 쓰신 책으로 얼마나 많은 은혜를 받았는지 말씀드리고 당시 우리 선배들이 믿음을 어떻게 지켰는지 좀 더 자세히 듣고 싶습니다. 그 외에도 만나고 싶은 사람들은 수없이 많습니다.

중요한 것은 천국에서는 무한대의 시간이 주어지고 인간관계에 있어서의 장벽이 없어지기 때문에 천국에서 이런 사람들을 만날 때 오랜 친구를 만나는 것과 같은 친밀감과 행복을 느끼게 될 것이며 자신이 원하는 분들과 마음껏 교제를 나눌 수 있는 기회가 영원토록 주어질 것이라는 사실입니다.

제가 지금까지 천국에서 누릴 삶에 대해서 많은 이야기를 했지만 사실상 이 모든 내용은 우리가 앞으로 천국에서 누릴 기쁨과 행복의 천만 분의 일도 제대로 다 이야기를 하지 못한 것입니다. 그러나 너무 걱정하지 마십시오. 우리는 천국에 가서 이모든 것들을 제대로 알아갈 시간이 충분히 있습니다.

이 땅의 삶은 불완전합니다. 그리고 불안정하기도 합니다. 아무리 좋은 것이 있어도 그것이 영원하지는 못합니다. 아무리 멋진 것이 있어도 그것이 궁극적인 행복을 보장해 주지는 못합니다. 삶은 흘러가고 새 것은 낡아지며 우리의 인생은 늙어 가고 사랑했던 사람들은 떠나갑니다. 그래서 우리는 영원한 천국을 더욱 사모하고 바라보아야 합니다.

성경에 나오는 믿음의 선배들이 위대했던 이유는 그들은 이 땅을 바라보고 이 땅에 모든 것을 걸고 살아가는 사람들이 아니었기 때문입니다. 그들은 자신들이 돌아갈 영원한 본향을 바라보았기에 이 땅에서 나그네와 외국인으로 살았습니다. 그래도 그들은 만족했습니다.

"이 사람들은 다 믿음을 따라 죽었으며 약속을 받지 못하였으되 그것들을 멀리서 보고 환영하며 또 땅에서는 외국인과 나그네임을 증언하였으니 그들이 이같이 말하는 것은 자기들이 본

향 찾는 자임을 나타냄이라 그들이 나온 바 본향을 생각하였더라면 돌아갈 기회가 있었으려니와 그들이 이제는 더 나은 본향을 사모하니 곧 하늘에 있는 것이라 이러므로 하나님이 그들의 하나님이라 일컬음 받으심을 부끄러워하지 아니하시고 그들을 위하여 한 성을 예비하셨느니라."(히 11:13-16)

우리는 더 나은 본향을 사모하는 사람이 되어야 합니다. 이 땅의 삶은 정말 잠깐이기 때문입니다. 한때 한국 교회에서 많이 불렸던 찬양 중에 "본향을 향하네"_{김희보 작사, 김두완 작곡}라는 찬양이 있습니다. 이 찬양이 바로 우리 그리스도인의 삶의 모습을 너무나 잘 보여 줍니다. 중복되는 부분은 생략하고 제가 적어 보았습니다.

"이 세상 나그네 길을 지나는 순례자
인생의 거친 들에서 하룻밤 머물 때
환난의 궂은 비바람 모질게 불어도
천국의 순례자 본향을 향하네.

이 세상 지나는 동안에
괴로움이 심하나 괴로움이 심히 심하나
그 괴롬 인하여 천국 보이고
기쁜 찬송 주 예수님 은혜로 이끄시네.

생명 강 맑은 물가에 백화가 피고
흰 옷을 입은 천사 찬송가 부르실 때
영광스런 면류관을 받아쓰겠네."

인생이 아무리 힘들고 어렵게 느껴져도 지나고 나면 하룻밤입니다. 잠에서 깨고 난 사람이 꿈속에서 비록 많은 고생을 했어도 깨고 보면 아무것도 아닌 것처럼 느껴지듯이 이생을 마감할 때가 되면 우리는 인생이 잠시 잠깐 만에 지나간 것을 알게 됩니다. 중요한 것은 내가 본향을 향해 가고 있느냐 하는 것입니다. 내가 본향을 향해 가는 순례자라고 한다면 내게는 영원한 천국의 영광이 기다리고 있습니다. 그러므로 나는 어떤 상황에서도 감사하고 기뻐할 이유가 충분히 있는 것입니다.

지옥 바로 알기

HELL

지옥은 마귀가 그의 종이 된 대가로
당신에게 제공하는 최고의 상이다.
-빌리 선데이-

지옥을 우습게 여기는 현대인들

오늘날 지옥이 사라지고 있다는 말이 있습니다. 실제로 사라졌다는 말이 아니고 사람들의 의식 속에서 지옥이 부정되고 있다는 말입니다. 그러나 지옥을 부정한다고 지옥의 존재 자체가 사라지는 것은 아닙니다. 더 안타까운 것은 지옥을 부정하지 않는 사람들조차 지옥을 그렇게 심각하게 생각하지 않는다는 것입니다.

한번은 제가 친구에게 전도를 열심히 했더니 그 친구가 나중에는 귀찮아서 하는 말이 기가 막힙니다.

"지옥도 가 있다 보면 견딜 만하겠지."

대단히 똑똑하고 머리 좋은 친구인데 영적인 일에는 둔감한 것을 보고 깜짝 놀랐습니다. 우리가 지옥을 심각하게 다루는 이유는 예수님께서 지옥을 심각하게 다루셨기 때문입니다. 예수님은 심지어 이런 말씀도 하셨습니다.

"만일 네 눈이 너를 범죄하게 하거든 빼버리라 한 눈으로 하나님의 나라에 들어가는 것이 두 눈을 가지고 지옥에 던져지는 것보다 나으니라 거기에서는 구더기도 죽지 않고 불도 꺼지지 아니하느니라 사람마다 불로써 소금 치듯 함을 받으리라."(막 9:47-49)

이 얼마나 직선적이고 명확하고 단호한 말씀입니까?
"지옥은 너무나 끔찍한 곳이다. 그러므로 무슨 수를 써서라도 지옥에 갈 상황은 피해라."

지금 이런 식으로 주님이 말씀하시는 것입니다. 심지어는 신체의 일부를 잃어버려 장애인이 될지라도 지옥에 가지 않을 수 있다면 온몸이 멀쩡한 상태로 지옥에 가는 것보다는 훨씬 낫다고 말씀하시는 것입니다.

예수님이 이토록 심각하게 생각하신 지옥을 우리는 너무나 가볍게 여기고 있습니다. 지옥을 부정하려면 그리스도를 부정해야 합니다. 왜냐하면 주님은 지옥을 분명하게 이야기하셨기 때문입니다. 그러므로 우리가 지옥을 부정하려면 예수님이 엉터리였고 성경이 잘못되었다는 것을 증명해야 합니다.

어떤 사람은 지옥에 대한 교리가 너무 끔찍하기 때문에 이것은 잘못된 신학적인 교리라고 주장하기도 하는데 절대로 그렇지 않습니다. 지옥에 대한 교리는 인간이 만들어 낸 교리가 아닙니다. W. G. T. 쉐드W. G. T. Shedd는 "예수님께서 기독교에 영원한 지옥 형벌의 교리를 집어넣은 장본인이다."**41**라고 말하였습니다. 즉 지옥에 대한 교리는 어떤 신학자가 만들어 낸 교리가 아니고 성경의 핵심 교리이며 무엇보다 예수님이 가장 많이 강조한 부분이라는 것입니다.

존 파이퍼John Stephen Piper 목사님도 다음과 같이 말합니다.

"지옥의 공포와 그 끝없음에 대해 예수님보다 더 크게 또는 아주 두렵게 묘사한 사람은 없습니다. 이것은 사도들이나 초대교회가 꾸며 낸 가르침이 아닙니다. 주께서 우리에게 주신 것입니다. 이 땅위를 걸었던 모든 사람들 중에서 가장 사랑이 많으셨던 분이 가장 강한 표현으로 지옥을 묘사하신 것입니다."**42**

어떤 사람은 바울이 지옥이라는 단어를 한 번도 사용하지 않았다고 하면서 바울은 지옥의 존재를 믿지 않았다고 이야기하기도 합니다. 그러나 그 말은 맞지 않습니다. 물론 성경에 보면 실제로 바울이 지옥이라는 단어를 직접적으로 사용한 경우는 없

습니다. 그러나 그렇다고 그가 지옥의 존재를 인정하지 않은 것
은 아닙니다. 그는 지옥이라는 단어를 사용하지 않았지만 '진노,
멸망, 형벌' 등에 대해 이야기했습니다. 그중에 대표적인 것이
데살로니가후서 1장 6-9절 말씀입니다.

"너희로 환난을 받게 하는 자들에게는 환난으로 갚으시고 환난
을 받는 너희에게는 우리와 함께 안식으로 갚으시는 것이 하나
님의 공의시니 주 예수께서 자기의 능력의 천사들과 함께 하늘
로부터 불꽃 가운데에 나타나실 때에 하나님을 모르는 자들과
우리 주 예수의 복음에 복종하지 않는 자들에게 형벌을 내리시
리니 이런 자들은 주의 얼굴과 그의 힘의 영광을 떠나 영원한
멸망의 형벌을 받으리로다."

바울은 영원한 멸망이 있음을 믿었습니다. 특별히 여기서
그가 강조한 것은 '하나님을 모르는 자들과 우리 주 예수의 복음
에 복종하지 않는 자들에게' 이런 영원한 형벌이 임할 것이라는
것입니다. 예수 그리스도의 복음을 믿고 받아들이는 것이 얼마
나 중요한 것인가를 보여 주는 말씀입니다. 예수님과 바울 외에

도 성경에 보면 여러 곳에서 하나님의 심판이나 진노에 대한 이야기를 많이 합니다. 그러므로 성경은 지옥이 있다는 사실을 확실하게 지지해 줍니다.

"한번 죽는 것은 사람에게 정해진 것이요 그 후에는 심판이 있으리니."(히 9:27)

"아들을 믿는 자에게는 영생이 있고 아들에게 순종하지 아니하는 자는 영생을 보지 못하고 도리어 하나님의 진노가 그 위에 머물러 있느니라."(요 3:36)

인간의 죽음 뒤에 분명히 지옥이 존재한다면 이 사실을 먼저 깨달은 사람이 다른 사람들이 지옥에 가지 않도록 경고를 해주는 일이 너무나 중요하다는 사실을 알 수 있습니다. 그래서 하나님의 말씀을 가르치는 설교자의 책임이 막중한 것입니다. 조나단 에드워즈 Jonathan Edwards 는 지옥에 관한 설교를 하는 것이 얼마나 중요한지를 다음과 같이 강조합니다.

"만일 내가 지옥으로 가는 위험에 처해 있다면 나는 지옥의 무시무시함에 대해 가능한 한 많이 알기를 기뻐할 것이다. 만일 내가 지옥을 피하는 데 필요한 주의를 너무 소홀히 하는 사람이라면, 그 상황을 있는 그대로 나에게 가장 분명하게 제시하여 나의 비참과 위험을 가장 생생한 방식으로 알려 주는 사람이야말로 내게 가장 큰 친절을 베푸는 사람일 것이다."[43]

지옥에 대해 이야기할 때 지옥은 원래 사람을 위해 만들어진 곳이 아니라는 사실을 아는 것이 중요합니다. 처음에 하나님께서 지옥을 만드셨을 때는 자신을 반역한 사탄과 그의 졸개들을 집어넣기 위하여 지옥을 만드셨는데 인간이 마귀의 꼬임에 빠져 죄를 짓게 되어 마귀들이 들어가는 지옥 불에 같이 들어갈 운명이 되어 버린 것입니다. 다음은 예수님이 하신 말씀입니다.

"또 왼편에 있는 자들에게 이르시되 저주를 받은 자들아 나를 떠나 마귀와 그 사자들을 위하여 예비 된 영원한 불에 들어가라." (마 25:41)

영원히 불타는 지옥은 원래 마귀와 졸개들을 위하여 예비된 곳입니다. 그러나 우리 인간이 창조주 하나님을 거역하고 마귀를 따라 죄의 길에 들어섬으로 말미암아 마귀의 길을 따라가는 사람은 모두 지옥의 형벌을 피할 수 없게 된 것입니다. 여기에 대하여 싱클레어 퍼거슨 Sinclair Ferguson 은 다음과 같이 말합니다.

"인간들은 하나님과 교제하기 위하여 창조되었고 그리고 하나님의 영원한 영광을 위하여 창조되었다. 그런데 그런 목적으로 창조된 인간들이 바깥 어둠의 곳으로 쫓겨나 그곳에서 영원토록 있어야 한다는 사실은 우리를 두렵게 만든다. 우리는 원래 그렇게 되도록 창조되지 않았기 때문에 우리가 그렇게 되어야 한다는 사실이 참으로 안타깝다. 지옥은 하나님의 인간 창조의 결과가 아니라, 인간 스스로의 하나님에 대한 반역과 자유 의지의 남용의 결과이다."[44]

결국 그렇게 볼 때 지옥은 하나님께서 우리를 밀어 넣어서 가게 되는 것이 아니라 우리 스스로 선택해서 가는 것입니다. C. S. 루이스가 말한 것처럼 하나님의 뜻을 끝까지 거역한 사람에게 결국 하나님께서 그러면 네 뜻대로 하라고 하시면서 보내시는 곳이 바로 지옥인 것입니다.

죄의 심각성

어떤 사람은 지옥에 대한 하나님의 형벌이 너무 가혹하다고 생각합니다. 율법을 조금 어겼다고 영원토록 고통받는 지옥에 가야 한다면 너무 불공평한 것이 아니냐고 이야기합니다. 이는 하나님이 마치 교통법칙을 어겼다고 사형 선고를 하는 경찰관과 같다는 생각을 하게 합니다. 그러나 이것은 잘못된 생각입니다. 하나님께는 사랑이 있지만 공의 또한 있습니다.

사람들이 지옥에 가는 이유는 하나님이 부당해서 그런 것이 아니라 사람들의 죄가 심각해서 그런 것입니다. 하나님은 죄를 적당히 눈감고 넘어가 줄 수 없는 분이기에 지옥을 통해 죄를 심판하십니다. 그러므로 지옥을 올바로 이해하려면 죄의 심각성에 대해 제대로 이해해야 합니다. 이를 위해 다음과 같은 세 가지 사실을 아는 것이 중요합니다.

지옥은 우리의 행위에 대한 심판이다

지옥은 우리가 저지른 죄의 행위에 대한 심판이라는 사실을 기억하는 것이 중요합니다. 만약 우리의 행위가 완전하다면 지옥에 가지 않을 수 있습니다. 그러나 이 세상에서 완벽하게 죄를 짓지 않을 수 있는 사람은 아무도 없습니다.

자신이 얼마나 심각한 죄인인지를 알기 위해서는 십계명에 스스로를 비추어 보면 됩니다. 하나님께서 주신 열 가지의 계명도 우리는 온전히 지키지 못합니다. 그래서 성경은 다음과 같이 말합니다.

"그러므로 율법의 행위로 그의 앞에 의롭다 하심을 얻을 육체가 없나니 율법으로는 죄를 깨달음이니라."(롬 3:20)

영적인 무지로 인하여 자신을 의롭다고 생각하며 착각하고 살고 있을 뿐이지 하나님의 말씀 앞에 자신을 제대로 비추어 본다면 우리는 모두 죄인임을 인정할 수밖에 없습니다.

많은 사람들이 죽음 이후의 세계를 망각의 세계라고 생각하는 경향이 있습니다. 즉 모든 것을 잊게 되는 세계라는 것입니다. 그러나 성경은 정반대로 이야기하고 있습니다. 죽음 이후의 세계는 망각의 세계가 아니라 또렷한 기억의 세계입니다. 왜냐하면 우리가 이 땅에 했던 모든 일들이 기록으로 남아 그대로 심판 받을 것이기 때문입니다.

"또 내가 보니 죽은 자들이 큰 자나 작은 자나 그 보좌 앞에 서 있는데 책들이 펴 있고 또 다른 책이 펴졌으니 곧 생명책이라 죽은 자들이 자기 행위를 따라 책들에 기록된 대로 심판을 받으니." (계 20:12)

성경에는 우리가 행위대로 심판 받는다는 말이 여러 곳에 나옵니다.

"왕은 애통하고 고관은 놀람을 옷 입듯 하며 주민의 손은 떨리리라 내가 그 행위대로 그들에게 갚고 그 죄악대로 그들을 심판하리니 내가 여호와인 줄을 그들이 알리라." (겔 7:27)

"인자가 아버지의 영광으로 그 천사들과 함께 오리니 그 때에

각 사람이 행한 대로 갚으리라."(마 16:27)

하나님께서 우리의 행위대로 심판하면 지옥에 가지 않을 사람은 아무도 없습니다. 우리가 생각하는 것, 말하는 것, 행동하는 것이 모두 죄악으로 가득 차 있기 때문입니다. 그러므로 이 세상에 어느 누구도 하나님의 완전한 율법의 기준에 비추어 볼 때 죄 없다고 말할 수 있는 사람이 없습니다.

이것을 성경은 "모든 사람이 죄를 범하였으매 하나님의 영광에 이르지 못하더니."롬 3:23 라고 말합니다. 우리가 생각하기에 남에게 나쁜 일을 한 것만 죄라고 생각하지만 사실 성경적인 의미에서 보면 하라고 하신 것을 하지 않은 것도 죄입니다.

가령 예수님이 "네 이웃을 네 자신과 같이 사랑하라."막 12:31 고 하셨기 때문에 이웃을 사랑하지 않는 것도 죄가 되고 "네 마음을 다하고 목숨을 다하고 뜻을 다하고 힘을 다하여 주 너의 하나님을 사랑하라."막 12:30 하셨기 때문에 하나님을 전심을 다해 사랑하지 않은 것도 죄가 됩니다. 특별히 하나님 사랑은 예수님이 이 세상에서 가장 큰 계명이라 하셨으므로 가장 큰 계명을 어긴 사람은 가장 큰 죄인이 되는 것입니다.

이런 식으로 우리가 한 모든 행동에 대해 하나님께서 책임을 물으실 때 하나님 앞에서 죄가 없다고 말할 수 있는 사람은 아무도 없게 되는 것입니다. 그러니 하나님께서 행위를 기준으로 죄를 물으시면 우리 가운데 하나님 앞에 설 수 있는 사람은 아무도 없는 것입니다.

죄를 짓는 대상이 누군가에 따라 심각성이 달라진다

우리는 "지옥에 갈만큼 우리 죄가 심각한가?" 하고 생각할 수도 있습니다. 그러나 여러분이 알아야 할 사실은 죄라는 것은 죄를 짓는 대상이 누군가에 따라 심각성이 달라진다는 것입니다. 어윈 루처 Erwin W. Lutzer 목사님은 이에 대해 다음과 같이 이야기합니다.

"만약 하나님의 관점에서 죄의 크기가 죄가 범해진 대상의 크기로 결정된다면 어쩌겠는가? 그렇다면 죄에 대한 책임은 무한하다. 왜냐하면 그것이 무한한 속성을 지니신 분에 대해 범해졌기 때문이다. 만약 하나님의 성품에서 그와 같이 무한한 죄는 아무도 되갚을 수 없는 무한한 죄값을 치루어야 하는 것으로 간

주된다면 어쩌겠는가?"[45]

조나단 에드워즈도 여기에 대해 다음과 같이 말합니다.

"죄는 전부 하나님의 권위에 대한 반역이고 하나님의 위엄을 경멸한 것이기 때문에, 죄는 무한한 악이다. 죄가 무한한 악인 이유는 무한히 영광스럽고 탁월한 위엄과 가장 절대적인 권위에 무한히 해를 가한 악이기 때문이다. 더 탁월한 존재에 죄를 짓는 것이 덜 탁월한 존재에 죄를 짓는 것보다 더 큰 죄라는 사실은 의심할 여지가 없다. 그러므로 위엄과 권위가 무한하고 완전히 탁월한 존재에 죄를 짓는 것은 무한히 심각한 잘못임에 틀림없고, 따라서 유한한 형벌이 아니라 무한한 형벌을 받아 마땅한 악이다."[46]

에드워드 도넬리 Edward Donnelly 는 다음과 같이 이야기합니다.

"지옥의 교리는 죄가 하나님의 시각에서 볼 때 매우 심각하고 저주스럽다는 것을 알려 준다. 그러므로 죄는 영원한 고통으로 형벌을 받아야 한다고 말한다. 지옥의 교리는 인간의 나쁜 행동을 들어 올려서 완전히 다른 수준에 올려놓고, 책임과 심판과 영원한 결과의 맥락 속에 놓아 둔다."[47]

그러면서 그는 다음과 같이 덧붙입니다.

"다른 무엇보다도 죄는 다른 동료 인간에게 상처를 입히는 것 정도가 아니라 '죄는 불법'(요일 3:4)이다. 그리고 그렇게 깨어진 율법은 다름 아닌 하나님의 법이다."[48]

하나님의 율법을 깨트리는 것이 얼마나 심각한 일인가는 하나님의 입장에 서 있어 보지 않고는 정확하게 알 수가 없는 것입니다. 오늘날 많은 사람들이 죄에 대하여 별 것 아니라는 식으로 넘어가지만 죄의 심각성에 대한 결정은 하나님이 하시고 그 처벌에 대해 우리는 비판할 위치에 있지 않다는 사실을 기억해야 합니다. 아무리 하찮게 보이는 죄일지라도 그 죄가 영원하신 하나님의 위엄과 영광에 대적하는 것이라면 모든 죄는 심각한 것입니다. 랜디 알콘은 죄의 심각성을 보여 주는 것이 바로 지옥이라고 하면서 다음과 같이 말합니다.

> "지옥을 부인하는 것은 하나님의 거룩하심과 우리의 악을 과소평가하는 것이다. 이는 죄의 엄청난 심각성을 축소하는 것이다. 무엇보다 우리를 위해 십자가 위에서 그리스도의 피를 흘리게 하신 하나님의 크신 은혜를 깎아 내리는 것이다. 예수님이 목숨을 내놓으실 만큼 심각한 악이, 영원한 형벌을 받을 만큼은 심각하지 않다는 말인가?"[49]

하나님의 공의는 만족되어야 한다

지옥에는 하나님의 공의가 드러나 있습니다. 많은 사람들은 성경에 나오는 '하나님의 사랑'이라고 하는 속성에 비추어 지옥을 부인합니다. 그러나 하나님을 사랑이라고 하는 한 가지 관점에서만 이해하려고 하는 것은 큰 실수입니다. 하나님께는 사랑과 함께 공의라고 하는 속성이 있습니다. 이 두 가지를 균형 있게 이해해야 하나님을 바로 이해할 수 있는 것입니다.

크리스토퍼 모간 Christopher W. Morgan 과 로버트 피터슨 Robert A.

Peterson은 그의 저서 『지옥론』에서 다음과 같이 말합니다.

"하나님에 대해 성경적으로 제대로 이해하게 되어야 지옥이 제대로 이해된다. 성경은 하나님이 사랑이시라고 말한다. 그러나 하나님의 사랑이라는 속성과 하나님의 다른 속성들을 분리해서는 절대로 안 된다. 하나님의 사랑은 감정적 사랑이 아니라 정의로운 사랑이고 거룩한 사랑이기 때문에 하나님의 사랑은 그분의 정의 및 거룩과 연합을 이루어야 한다. 따라서 하나님께서는 사랑이시기 때문에 재판을 통해 악인을 처형하시는 하나님이 아니시라고 주장하는 것 역시 잘못된 주장이다."[50]

R. C. 스프롤 R. C. Sproul 은 다음과 같이 말했습니다.

"하나님은 죄인인 우리도 사랑하시지만, 더 사랑하시는 것이 있다. 바로 공의와 하나님 자신의 성품이다. 하나님은 우리의 요구와 편의를 고려하느라 하나님의 거룩함과 공의를 위태롭게 하지는 않으실 것이다. 하나님은 하나님 자신의 영광을 사랑하신다. 완고하고 회개하지 않는 죄인들을 지옥에서 벌주는 것이야말로 하나님의 영광을 높이는 일이다."[51]

　죄인들을 지옥에서 벌주는 것이 어떻게 하나님의 영광을 높이는 것이 될까요? 그것은 지옥 심판을 통해 하나님의 공의가 만천하에 드러나기 때문입니다. 사람들이 천국을 생각하면 행복해하고 지옥을 생각하면 끔찍해 하는데 어떤 면에서는 지옥의 교리 또한 우리에게 위안을 주는 것이라는 사실을 알아야 합니다. 생각해 보십시오. 오늘날 이 세상에 얼마나 많은 불의와 아동학대, 강간과 폭력과 살인 등이 일어나고 있습니까?

　사람들의 목숨을 파리 목숨처럼 여기며 수백만 명을 무참하게 학살했던 독재자들이 큰 고통을 받지 않고 죽은 경우도 많이 있습니다. 그러므로 그런 사람들이 심판을 받게 된다는 사실이 얼마나 감사한 일입니까? 만일 그들이 죽어서도 심판을 받지 않고 그대로 넘어간다면 이 얼마나 불공평한 일이 되겠습니까? 이 세상에서 다 바로 잡히지 못한 죄악과 불의에 대한 하나님의 완전하고도 분명한 심판이 있다는 사실이 죄로 가득차고 불합리한 이 세상을 살아가는 우리들에게는 큰 위안이 됩니다.

　1999년 5월 20일 대구에서 끔찍한 황산 테러 사건이 일어났습니다. 당시 6살 먹은 김태완 군이 학습지 공부를 하러 가던 중 골목길에서 한 남성이 뿌린 황산을 온몸에 뒤집어쓰는 참변을 당했습니다. 전신에 3도 화상을 입은 태완 군은 병원에서 고통스럽게 치료를 받던 중 49일 만에 숨졌습니다. 태완 군은 숨지기 전 "황산을 덮어쓰기 전 이웃집 아저씨가 나를 불렀다."고 말했고 이에 대한 목격자도 등장했지만 용의자가 혐의를 전면 부인함으로 결국 범인이 밝혀지지 않은 채 영구 미제 사건으로 남게 되었습니다.

그리고 15년이 지나 공소시효가 만료되었기에 이제 범인을 잡아도 처벌할 수 없게 되었습니다. 범인이 누구인지 모르지만 용하게 법망을 빠져나간 것입니다. 그러나 황산 테러로 끔찍한 고통을 당하고 죽은 그 아이나 부모의 입장에서 보면 그 얼마나 억울한 일이겠습니까? 이런 것을 보면 분명히 지옥이 있어야 하고 또 지옥이 있다는 사실이 우리에게는 너무나 위로가 되는 것입니다. 이 땅에서 끔찍한 죄를 지은 범인들이 결국 하나님 앞에 서는 심판을 받을 것을 생각하면 이 땅의 정의가 결국은 실현된다는 사실 앞에서 우리는 위로를 얻습니다.

우리가 알아야 할 사실은 높은 자리에 앉아 있는 사람일수록 선과 악에 대한 분명한 감각이 있어야 한다는 것입니다. 왜 사람들이 공직자들에게 높은 도덕성을 요구합니까? 그것은 그들이 책임 있는 자리에 있을수록 윤리적인 감각이 더 뛰어나야 하기 때문입니다. 만약 하나님께서 죄에 대해 책임을 묻지 않고 죄에 대해 형벌을 주시지 않는 분이라면 그러한 하나님을 주님으로 믿고 신뢰하고 따를 수가 없습니다. 그러므로 하나님은 공의로운 분이어야 하며 이생과 저 생에서 죄에 대한 분명한 심판을 하시는 분이어야 합니다. 지옥의 교리는 이러한 하나님의 공의를 만족시켜 줍니다.

물론 사람에 따라 지옥의 형벌이 달라질 수 있습니다. 그러나 중요한 것은 우리가 죄 문제를 해결하지 못하고 죽게 되면 누구도 예외 없이 하나님의 공의 앞에 서야 한다는 사실입니다. 죄의 경중은 차이가 있겠지만 결국 천국에 들어갈 만큼 거룩하고 완전하게 살지 못했다는 점에서는 모두들 하나님 앞에서 할 말이 없을 것입니다.

그렇게 볼 때 지옥에 가는 사람은 하나님께 불평할 수가 없습니다. 왜냐하면 하나님의 공의가 있기 때문입니다. 그리고 천국에 가는 사람들은 감사할 수밖에 없습니다. 왜냐하면 하나님의 긍휼의 선물이기 때문입니다. 갈 수 있는 자격이 없는데 가는 것이기 때문에 은혜라고 표현할 수밖에 없습니다.

지옥은 어떤 곳인가

지옥은 인간의 머리로는 도저히 상상이 되지 않는 장소입니다. 우리가 생각하기에 가장 끔찍한 장소를 떠올린다고 해도 그것은 지옥의 가장자리도 되지 못할 것입니다. 그럼에도 지옥에 대한 이해를 돕기 위해 구체적으로 지옥의 특징들이 무엇인지를 생각해 보겠습니다.

지옥은 실제적인 장소이다

먼저 지옥은 실제적인 장소라는 사실을 알아야 합니다. 지옥은 결코 막연한 추상적인 장소가 아닙니다. 언젠가 어떤 건물 화장실에 다음과 같은 글귀가 적혀 있는 것을 본 적이 있습니다.

"천국과 지옥은 천상이나 지하에 있는 것이 아니라 바로 우리의 삶 속에 있는 것이다."

이 말의 의미는 충분히 이해할 수 있습니다. 이 말은 이 땅에서 우리가 마음을 바르게 써서 천국을 이루라는 말입니다. 물론 맞는 말입니다. 그러나 어떤 면에서 이것은 대단히 위험한 문구입니다. 왜냐하면 천국과 지옥은 실제로 있는 장소인데 이런 문구는 우리로 하여금 천국과 지옥을 실제로는 존재하지 않는 장소로 착각하게 만들 수 있기 때문입니다. 정말 놀라운 사실은 로마 가톨릭의 교황이 이와 비슷한 말을 했다는 것입니다. 이것은 누군가가 화장실에 그냥 명언으로 적어 두는 것하고는 근본적으로 다른 것입니다. 교황은 가톨릭계 전체를 대표하는 지도자입니다. 그런데 교황 요한 바오로 2세는 1999년 바티칸에서 있었던 일반 공식 알현에서 다음과 같은 말을 했습니다.

"지옥은 하나님께서 외적으로 가하시는 고통스러운 형벌의 장소가 아니라, 사람이 살면서 자신이 취한 태도와 행동의 결과물로 얻는 인간의 내적인 상태다."[52]

교황이 정확하게 무슨 의도를 가지고 이런 말을 했는지는 모르겠지만 이와 같은 표현은 사람들로 하여금 지옥에 대한 경각심을 약화시킬 수 있는 위험이 있습니다. 천국과 지옥은 분명히 존재한다는 사실을 우리는 알아야 합니다.

시카고 무디 교회의 담임 목사로 세계적인 설교가인 어윈 루처 목사님이 *One Minute After You Die*라는 책을 썼습니다. 영어 제목 그대로 『당신이 죽은 1분 후』라는 제목으로 번역되어 나왔습니다. 이 책의 제목을 왜 그렇게 지었을까요? 그 이유를 어윈 루처 목사님은 자신의 책 머리말에 소개해 놓았습니다. 머리말 제목은 "영원으로 오신 것을 환영합니다."입니다. 그리고 그 밑에 그는 다음과 같이 적었습니다.

"죽음의 커튼 뒤로 들어선 1분 후에, 우리는 우리를 두 팔 벌려 환영하시는 그리스도를 만나든지, 아니면 세상에서는 결코 알지 못하였던 어둠을 처음으로 보게 될 것이다. 어느 쪽이든 우리의 미래는 돌이킬 수 없을 것이며 영원히 변하지 않을 것이다."[53]

정말 충격적인 이야기입니다. 여러분이 천국이나 지옥을 실제적인 장소로 인식하든 그렇지 않든 죽고 나서 단 1분만 지나면 그 세계가 몸서리쳐질 정도로 생생하게 다가오는 것을 온몸으로 느끼게 될 것입니다. 그렇게 볼 때 인생에서 죽기 전에 지옥의 실제를 알고 지옥에 가지 않도록 대비하는 것만큼 중요한 일은 없습니다. 이 땅에 죄를 지은 사람을 위한 감옥이 있듯이 영적인 감옥인 지옥도 분명히 존재합니다. 그렇다면 지옥은 어디에 있을까요? 우리는 지옥의 위치에 대해 정확하게 알 수는 없습니다. 그러나 어떤 사람은 지옥이 지구 내부에 있다고도 이야기합니다. 그리고 그에 관한 근거로 다음과 같은 성경구절들을 제시합니다.

"나의 영혼을 찾아 멸하려 하는 그들은 땅 깊은 곳에 들어가며."(시 63:9)

"내가 너를 구덩이에 내려가는 자와 함께 내려가서 옛적 사람에게로 나아가게 하고 너를 그 구덩이에 내려간 자와 함께 땅 깊은 곳 예로부터 황폐한 곳에 살게 하리라 네가 다시는 사람이

거주하는 곳이 되지 못하리니 살아 있는 자의 땅에서 영광을 얻지 못하리라."(겔 26:20)

실제로 성경에 보면 하나님을 대적하다가 지옥으로 산 채로 떨어진 사람들이 있습니다. 민수기 16장에 나오는 고라당입니다.

"땅이 그 입을 열어 그들과 그들의 집과 고라에게 속한 모든 사람과 그들의 재물을 삼키매 그들과 그의 모든 재물이 산 채로 스올에 빠지며 땅이 그 위에 덮이니 그들이 회중 가운데서 망하니라."(민 16:32-33)

성경에 보면 죽음을 맛보지 않고 곧바로 천국으로 들어간 사람들이 있습니다. 에녹과 엘리야가 바로 그런 사람입니다. 이와 마찬가지로 고라와 그를 따르는 무리들은 죽음을 통과하지 않고 곧바로 지옥으로 떨어진 것 같습니다. 그런데 성경은 땅이 입을 열어 그들을 삼켰다고 이야기합니다.

한자로 보아도 지옥地獄이라는 단어를 쓸 때 '땅 지'地 자에 감옥監獄이라고 할 때 쓰는 '옥 옥'獄 자입니다. 땅에 있는 감옥이라는 뜻입니다. 신기하지 않습니까?

　이런 성경구절을 보면 지옥이 땅 밑에 있을 수도 있다는 추측을 하게 해 줍니다. 그럼에도 지옥은 영적인 장소이기에 인간의 머리로는 다 이해할 수 없으며 성경도 지옥의 위치에 대해 명확하게 밝히지 않았기 때문에 이 사실을 너무 단정적으로 이야기하는 것은 주의할 필요가 있다고 생각합니다. 다만 우리는 그럴 수도 있겠다고 그냥 짐작해 보는 선에서 그쳐야 합니다.

　그러나 지옥이 땅속에 있든 아니면 우리가 모르는 그 어떤 제3의 장소에 있든 사실 그것이 중요한 것이 아닙니다. 초대교회 교부 크리소스톰이 이야기했듯이 우리는 지옥의 위치에 관심을 둘 것이 아니라 오직 지옥을 피할 방법에 관심을 두어야 할 것입니다.

　한 설교자에게 어떤 사람이 질문을 했습니다.

　"목사님, 도대체 지옥은 어디에 있습니까?"

　그러자 그 설교자가 대답했습니다.

　"지옥이 어디에 있느냐 하면, 당신이 예수 그리스도 없이 계속 걸어갈 때 당신 인생의 맨 끝에 있습니다."

　정말 정곡을 찌르는 말입니다. 그리고 우리를 두렵게 하는 말이기도 합니다. 지옥의 위치에 대해 생각할 때 우리는 이 말을 기억하는 것이 중요합니다.

지옥은 고통스러운 장소이다

두 번째로 알아야 할 사실은 지옥은 너무나 고통스러운 장소라는 것입니다. 저는 911 테러 때 쌍둥이 빌딩에서 뛰어내리는 사람 사진을 본 적이 있습니다. 그는 그곳이 너무 뜨거워서 견디지 못하여 그렇게 뛰어내렸을 것입니다. 그렇다면 지옥에서의 고통은 얼마나 더 끔찍할까요.

특별히 지옥은 불의 장소로 묘사됩니다. 사람이 고통스러운 것 중에 가장 심한 것은 불의 고통일 것입니다. 손가락에 조그만 화상을 입기만 해도 하루 종일 따갑고 화끈거립니다. 성경에서 지옥을 묘사하는 단어를 보십시오. '울부짖는 곳'이며 '이를 가는 곳'입니다. 그리고 또한 '타오르는 불의 곳'이며 '어두움의 곳'입니다.

"시온의 죄인들이 두려워하며 경건하지 아니한 자들이 떨며 이르기를 우리 중에 누가 삼키는 불과 함께 거하겠으며 우리 중에

누가 영영히 타는 것과 함께 거하리요 하도다." (사 33:14)

"그런즉 가라지를 거두어 불에 사르는 것 같이 세상 끝에도 그러하리라 인자가 그 천사들을 보내리니 그들이 그 나라에서 모든 넘어지게 하는 것과 또 불법을 행하는 자들을 거두어 내어 풀무 불에 던져 넣으리니 거기서 울며 이를 갈게 되리라." (마 13:40-42)

"누구든지 생명책에 기록되지 못한 자는 불못에 던져지더라." (계 20:15)

"이 무익한 종을 바깥 어두운 데로 내쫓으라 거기서 슬피 울며 이를 갈리라 하니라." (마 25:30)

"이 사람들은 물 없는 샘이요 광풍에 밀려 가는 안개니 그들을 위하여 캄캄한 어둠이 예비되어 있나니." (벧후 2:17)

어떤 사람은 어두움의 곳과 불의 곳이 서로 조화를 이루지 않는다고 하면서 성경의 지옥 묘사가 단지 상징적인 묘사라고 이야기합니다. 즉 불이 있는데 어떻게 캄캄하고 어두울 수가 있느냐는 것입니다. 그러나 이것은 하나만 알고 둘은 모르는 소리입니다. 최근에 발표된 학설에 의하면 불의 색깔은 온도에 따라 달라지는데 최후의 색깔은 검은색이라는 것입니다.

다시 말해서 불은 온도가 비교적 낮을 때는 노란색, 조금 더 높아지면 붉은색, 더 높아서 1,000도 가까이 되면 파란색이 된다는 것입니다. 이 파란색은 우리가 보통 취사할 때 쓰는 가스불과 같은 것입니다. 이것보다 더 높아서 쇳물을 끓일 수 있는 온도가 되면 하얀색이 됩니다. 그런데 불의 온도가 더 높아서 측정 불가능의 고온이 되면 검은색이 된다고 합니다. 색깔까지도 태워 버리고 흡수해 버리는 무서운 온도가 되어 버리기 때문입니다.

그러므로 여기서 우리는 불이 활활 타고 있는 지옥이 어두운 이유를 알 수 있습니다. 지옥의 불은 인간이 경험할 수 있는 가장 뜨거운 불이기 때문에 검은색인 것입니다. 그래서 지옥은 어두운 것입니다. 이 얼마나 끔찍한 이야기입니까?

우리가 사우나에 가서 뜨거운 열기 가운데 있어도 10분을 참고 견디기 힘든데 이런 칠흑 같이 어둡고 뜨거운 지옥 불에서 끝도 없이 고통을 받아야 한다면 정말 너무나 괴롭고 절망적일 것입니다.

지옥은 영원한 곳이다

세 번째로 지옥에 대해 알아야 할 중요한 사실은 지옥은 영원한 곳이라는 사실입니다. 성경은 지옥의 고통이 영원할 것이라는 사실을 강조합니다.

"그 고난의 연기가 세세토록 올라가리로다 짐승과 그의 우상에게 경배하고 그의 이름 표를 받는 자는 누구든지 밤낮 쉼을 얻지 못하리라 하더라."(계 14:11)

스트롱 A. H. Strong 은 지옥을 이렇게 표현합니다.

"영적이든 육체적이든 좋은 것은 하나도 없는 곳이며, 하나님이 존재하지 않는 모든 악의 비참함으로 가득하고 하나님의 영원한 저주를 받은 곳이다."[54]

조나단 에드워즈는 영원한 지옥의 고통을 다음과 같이 묘사합니다.

"전능하신 하나님의 맹렬한 진노를 한순간만 받는 것도 무서운 일입니다. 그러나 여러분은 그 진노를 영원히 받아야 합니다. 이 가공할 만한 비참은 끝이 없을 것입니다. 여러분이 앞을 내다보면 영원히 끝없는 고통의 기간이 계속되는 것을 보게 될 것입니다. 이것은 여러분의 생각을 삼키고 여러분의 영혼을 놀라게 할 것입니다. 그래서 여러분은 어떤 구원이나 어떤 끝이나 어떤 휴식이나 어떤 안식을 전혀 기대할 수 없기 때문에 완전한 절망에 빠지게 될 것입니다."[55]

R. C. 스프로울도 다음과 같이 말했습니다.

"지옥이 갖는 가장 무서운 면은 아마도 영원성일 것이다. 사람들은 아무리 큰 고통이라도 그것이 궁극적으로 끝나리라는 것을 알면 참아 낼 수가 있다. 그러나 지옥에서는 그러한 희망이 없다. 성경은 형벌이 영원하다는 것을 명확하게 가르친다."[56]

지옥의 고통이 아무리 크더라도 언젠가 그칠 수 있다면 희망이 있는 것인데 끝이 없는 영원한 고통이라는 것은 정말 모든 사람들을 두려움에 얼어붙게 만드는 이야기가 아닐 수 없습니다. 그래서 역사적으로 많은 신학자들이 지옥에 대한 공포를 제거하기 위해 다음과 같은 지옥에 관한 두 가지 잘못된 이론을 주장해 왔습니다.

지옥에 대한 잘못된 신학

성경은 분명히 '영원한 지옥'을 말하고 있는데 그 사실을 인정하기 싫어하는 사람들은 지옥의 고통이 영원하지 않다고 주장합니다. 이와 같은 이론을 '영혼멸절설'이라고 부릅니다. 즉 영혼이 지옥에 가기는 가지만 그곳에서 영원이 고통당하는 것이 아니라 어느 정도 고통을 당하다가 죗값을 치르게 되면 멸절된다는 이론입니다.

아예 지옥이 있다는 사실을 부인하고자 하는 신학적인 시도도 있습니다. 소위 말해서 '만인구원설'입니다. 이것에 따르면 하나님은 사랑이시기에 결국 영원히 지옥에 머무는 사람은 하나도 없고 궁극적으로는 모든 사람이 다 구원받는다는 것입니다.

이 두 가지 이론은 모두 지옥에 관한 정통 신학에서 벗어나 있기 때문에 문제가 됩니다. 지옥에 대한 정통 신학은 "구원을 받지 못한 사람들은 이 세상을 떠난 후, 하나님의 기쁨의 임재로부터 완전히 제외되어, 끊임없는 고통을 느끼는 지옥에서 영원히 심판 받는다."[57]는 것입니다. 이제 정통 신학에서 벗어난 이와 같은 두 가지 잘못된 신학의 문제점들을 살펴보겠습니다.

영혼멸절설

지옥에 대한 잘못된 교리로 첫째 '영혼멸절설'이라는 것이 있습니다. 이 이론은 '영혼소멸론'이라고도 부르는데 그리스도를 이 땅에서 영접하지 않았기 때문에 사람들이 지옥에 갈 수는 있지만 그곳에서 영원한 고통을 당하지는 않는다는 것입니다. 이 이론에 따르면 악인은 비록 지옥에 간다 하더라도 일정 기간 동안만 고통을 당하고 그 후에는 소멸되고 없어진다는 것입니다.[58]

물론 그렇게 되면 얼마나 좋겠습니까? 지옥에 가게 되는 것은 너무나 고통스럽고 불행한 일이지만 그래도 그곳에서 영원히 고통받지 않는다면 한 가닥 위로가 됩니다. 그러나 안타깝게도 이것은 인간의 소망이요 바람일 뿐이지 성경은 그렇게 이야기하고 있지 않습니다.

대표적으로 예수님이 하신 말씀이 있습니다. 예수님께서는 마지막 때의 심판에 대해 언급하시며 다음과 같이 말씀하셨습니다.

"그들은 영벌에, 의인들은 영생에 들어가리라 하시니라."(마 25:46)

이것은 한 문장으로 구성된 말씀이고 영원한 벌과 영원한 생명이 한 문장 안에서 대구적으로 기록되었습니다. 이것은 천국에서의 삶도 영원하고 지옥에서의 형벌도 영원하다는 것을 보여 줍니다. 그러므로 천국에 가는 사람들이 영원히 사는 것처럼 지옥에 가는 사람도 영원한 형벌을 받는 것이 분명합니다. 존 맥아더 목사님은 이에 대해 다음과 같이 말했습니다.

"영어 성경은 이 구절을 'everlasting punishment' 영벌, 'eternal

life'영생 라고 번역했다. 그러나 헬라어 원문에서는 'everlasting' 과 'eternal'에 모두 똑같은 어휘가 사용되었다. 'aionios'라는 어휘로서 영원하고 끝없는 존재를 가리킬 때 사용한다. 영벌과 영생의 의미를 대조시키기 위해 일부러 똑같은 단어가 연속적으로 사용되었다. 예수님은 의인의 상이 영원한 것과 같이 죄인의 형벌도 영원할 것임을 나타내셨다."[59]

모세스 슈튜아르트 Moses Stuart 도 다음과 같이 말했습니다.

"철학적으로 관찰해 보든지, 주석학적으로 살펴보든지 결과는 다음과 같이 명백하다. 만일 하나님과 그분의 영광, 찬양 및 그분이 주시는 행복 등이 영원한 것도 아니고 의인들이 가는 세계도 영원한 세계가 아니라면, 악한 사람들이 가는 형벌의 지옥도 영원하지 않아야 한다. 그러나 반면에, 천국이 영원하다면 지옥도 영원하여야만 한다. 둘 중의 하나만 영원하다고 하는 것은 잘못된 해석이다. 성경을 이런 식으로 해석하면 성경 기자를 욕먹이는 것이라고 말할 수밖에 없다. 우리는 반드시 지옥을 영원한 불행의 장소로 보아야 하고 또한 천국을 영원한 행복의 장소

로 보아야 한다."⁶⁰

영혼멸절설을 주장하는 사람들은 지옥에서의 형벌이 영원하지 않다는 주장을 해서 사람들을 지옥의 영원한 형벌에 대한 두려움으로부터 구원하고자 합니다. 이 주장이 유명하게 된 것은 복음주의 신학계의 거성이라고 일컬어지는 존 스토트[John R. W. Stott]까지 이와 같은 주장에 동조했기 때문입니다. 그는 "한시적으로 범한 의식적인 죄에 대해 의식적으로 느낄 수 있는 영원한 고통이 주어지는 것은 사리에 맞지 않는다."⁶¹고 하며 지옥에 간 영혼들은 결국 완전히 파괴되어 소멸되어 버린다는 주장을 하였습니다.

그러나 그것은 존 스토트의 희망사항일 뿐 성경적인 진리는 아닙니다. 그는 짧은 시간에 지은 죄로 인해 영원한 고통을 받는다는 것은 이치에 맞지 않는다고 했지만 실제로 죄를 범한 시간은 짧지만 그 고통이 영원히 가는 경우는 많이 있습니다. 미국의 경우에는 범죄자가 총을 들고 학교로 들어와 학생들을 무차별적으로 살상하는 경우가 있습니다. 그런 경우에 범죄에 걸린 시간은 10분도 되지 않을 수도 있지만 그 잔혹한 범죄로 인해 부상을 입은 사람들이나 희생자들의 가족의 고통은 평생을 갑니다.

　우리의 인생이 영원에 비추어 보면 짧은 인생인 것은 사실이지만 영원하신 하나님에 대적하여 지은 죄가 영원한 고통의 결과를 낳는 것은 어찌 보면 당연한 일이라고도 할 수 있습니다. 유명한 설교가 찰스 스펄전 Charles Spurgeon 목사님도 지옥에서의 고통이 영원하다는 사실을 그의 설교에서 다음과 같이 힘주어 말했습니다.

"불쌍한 죄인들에게 돌아갈 지옥 중의 지옥은 영원히 존재합니다. 지옥에 간 사람들은 하나님의 보좌 앞에 '영원하다!'라고 쓰여 있는 문구를 보게 됩니다. 뜨거운 쇠가 얼굴에 닿으면 그들은, '영원하다!'라고 소리를 지를 것입니다. 그들이 고통 속에 지른 '영원하다!'라는 소리는 지옥 전체에 메아리 되어 울려 퍼집니다."[62]

17세기의 유명한 설교가 토마스 브룩스 Thomas Brooks 도 지옥의 영원성을 다음과 같은 안타까운 말로 표현했습니다.

"영원히, 영원히, 영원히, 세세토록, 세세토록, 세세토록, 계속해서, 계속해서, 계속해서, 지옥에 있는 사람들의 심장이 수천 갈래로 찢겨 나간다. … 회개하려고 해도 할 수 없고, 지옥에 간 자들은 끝없는 끝으로, 죽음 없는 죽음을, 낮 없는 밤에, 기쁨 없는 슬픔 속에서, 위로 없는 눈물을 흘리며, 자유 없는 묶임 속에서 영원히 살아야 한다. 하나님께서 천국에서 영원히 사시듯이 저주받은 자들은 지옥에서 영원히 살아야 한다."[63]

영원한 지옥의 고통, 그것은 우리의 심장을 얼어붙고 온몸을 두려움으로 떨게 만듭니다. 하지만 그것은 성경이 분명하게 말씀하고 있는 명확한 진리이기 때문에 받아들여야 합니다.

만인구원설

지옥에 대한 잘못된 두 번째 교리로 '만인구원설'이 있습니다. 이것은 "세상에 태어난 모든 사람들은 한 사람도 빠짐없이 하나님의 사랑을 경험하고, 그 결과 모두 다 영생을 얻게 된다는 이론"입니다.[64] 즉 이 주장에 따르면 이 세상에서 종교를 가지고 있건 안 갖고 있건, 도덕적으로 살거나 아니거나 상관없이, 결국은 이 세상에서 그리스도인들이 예수님을 믿게 됨으로 받는 구원을 모든 사람이 다 받아 천국에서 잘살게 된다는 것입니다.[65]

이 얼마나 황당한 이야기입니까? 어떤 끔찍한 죄인이든지 결국에는 다 천국에 간다는 말을 받아들일 수 있겠습니까? 저는 앞으로 천국에 갔을 때 제 옆집에 히틀러가 살고 있거나 아동 강간범이 살고 있으면 견디지 못할 것 같습니다. 이 세상에는 나쁜 사람들이 얼마나 많은지요. 옛날에도 나쁜 사람들이 많았지만 요즘 사람들은 정말 무자비하고 잔인합니다.

2015년 7월, 과테말라에서 이런 일이 일어났습니다. 12살의 '엔젤 아리엘 에스칼란텔'이라는 소년이 집으로 가다가 갱단에 납치됐습니다. 평소에 모범적인 소년이었고 갱단과 아무 관련이 없는 소년이었습니다. 그런데 갱단의 단원들은 이 소년에게 총을 주며 함께 납치된 버스 운전기사를 죽이지 않으면 소년을 살해하겠다고 협박했습니다. 다른 사람을 죽이지 않으면 자신이 죽어야 하는 이 기가 막힌 상황에서 소년은 놀랍게도 눈물을 흘리며 자신의 죽음을 택했습니다. 갱단은 곧장 소년을 과테말라에서 가장 큰 인시엔소 다리로 끌고 가 135m 아래로 던져 버렸습니다. 실종 3일째인 72시간 만에 다리 아래에서 소년이 발견되었지만 병원에서 치료를 받다 끝내 숨졌습니다.

　이 얼마나 기가 막힌 이야기입니까? 이 무고한 소년을 가차 없이 높은 다리 위에서 집어 던진 갱단의 단원들이 천국에 갔을 때 모두 제 옆집에 산다면 이 얼마나 끔찍한 일이겠습니까? 물론 하나님께서는 어떠한 악인이라도 회개하면 구원의 기회를 주십니다. 그러나 만인구원설은 그들이 전혀 회개 없이, 예수님의 십자가 앞에서 엎드려지는 일 없이 다 천국으로 들어올 수 있다고 이야기합니다. 이것은 성경적으로나 상식적으로도 전혀 말이 되지 않는 이야기입니다.

　성경은 우리가 예수 그리스도를 믿으면 거듭난다고 이야기합니다. 영어로는 'born again'입니다. 즉 완전히 전혀 다른 사람으로 영적으로 다시 태어난다는 것입니다. 이런 경우에는 그가 아무리 심각한 악당이었던 사람이라도 자신의 죄를 깨닫고 회개하고 완전히 새롭게 태어난 것이기에 그를 정죄할 수가 없습니다. 과거와 본질적으로 전혀 다른 사람이 되었기 때문입니다. 그러므로 그가 천국에서 나의 옆집에 있더라도 안전합니다. 그러나 만인구원설은 어떤 악당이라도 전혀 본성의 변화 없이 결국은 천국에 모두 들어갈 것이라고 이야기합니다. 이것은 말이 되지 않는 이야기이고 그렇게 되면 천국도 천국되지 못할 것입니다. 그곳에서도 범죄자들이 들끓게 되어 천국도 인간이 살기 힘든 장소가 되어 버리고 말 것이기 때문입니다.

만인구원론자들의 주장의 밑바닥에는 하나님이 '사랑의 하나님'이시라는 생각이 자리하고 있습니다. 즉 그들은 하나님께서는 사랑의 하나님이시고 모든 피조물들의 아버지이시기 때문에 자신이 창조한 자녀들이 아무리 반항한다고 해도, 결국은 그들과 화해하고 다 구원하신다는 것입니다.[66] 그러나 이것은 잘못된 생각입니다. 성경은 명백하게 구원을 예수 그리스도와 연결시키고 있습니다. 그리고 구원을 받기 위해서는 예수님을 믿고 따르고 순종해야 함을 강조하고 있습니다.

"아들을 믿는 자에게는 영생이 있고 아들에게 순종하지 아니하는 자는 영생을 보지 못하고 도리어 하나님의 진노가 그 위에 머물러 있느니라." (요 3:36)

이 말씀은 예수 그리스도를 믿지 않고 따르지 않는 자는 결국 영생을 보지 못할 것이므로 그에게는 구원이 기다리고 있는 것이 아니라 도리어 하나님의 진노가 기다리고 있다는 사실을 이야기합니다. 그러므로 언젠가는 모든 죄인이 조건 없이 다 구원받을 것이라고 주장하는 만인구원설은 거짓입니다.

또 이런 말씀은 어떻습니까?

"이제 하늘과 땅은 그 동일한 말씀으로 불사르기 위하여 보호하신 바 되어 경건하지 아니한 사람들의 심판과 멸망의 날까지 보존하여 두신 것이니라."(벧후 3:7)

성경은 경건하지 아니한 사람들에게는 심판과 멸망이 기다리고 있다고 이야기합니다. 어떤 식으로든지 구원받을 것이라고 이야기하지 않습니다. 우리가 너무나 잘 아는 요한복음 3장 16절도 다음과 같이 말합니다.

"하나님이 세상을 이처럼 사랑하사 독생자를 주셨으니 이는 그를 믿는 자마다 멸망하지 않고 영생을 얻게 하려 하심이라."(요 3:16)

하나님께서 세상을 사랑하시지만 아무나 영생을 얻는 것은 아닙니다. "그를 믿는 자마다"라고 분명하게 이야기합니다. 믿지 않으면 멸망 받는다고 분명히 이야기합니다.

어떤 사람은 모든 인간이 구원받을 수 있는 근거로 비록 이 땅에서는 예수님을 믿지 않았던 사람이라도 죽고 나면 또 한 번의 기회가 주어진다고 이야기합니다. 클락 피녹 Clark Pinnock 이라는 신학자도 다음과 같은 주장을 했습니다.

"죽은 모든 사람들은 그리스도와 대면한다. 하나님께서는 모든 인류를 다 사랑하시기 때문에 복음을 듣지 못하고 죽은 사람이라고 할지라도, 최종적으로 지옥으로 보내지기 전에 하나님의 은혜로 인해 반드시 복음을 제시받는 기회가 주어진다. 모든 사람은 죽은 후에 반드시 한번은 부활하신 주님을 대면하기 때문에, 이때가 바로 하나님을 찾을 수 있는 마지막 기회이다."[67]

정말 이렇게 될 수 있다면 얼마나 좋겠습니까? 그러나 이것은 가능성 없는 기대에 불과합니다. 일단 여기에 대한 성경적인 근거가 없습니다. 오히려 성경은 다음과 같이 말합니다.

"누구든지 주의 이름을 부르는 자는 구원을 받으리라 그런즉 그들이 믿지 아니하는 이를 어찌 부르리요 듣지도 못한 이를 어찌 믿으리요 전파하는 자가 없이 어찌 들으리요." (롬 10:13-14)

이 말씀을 뒤집어서 생각해 보면 주의 이름을 부르는 자는 구원을 받을 수 있지만 이 소식을 전파하는 사람이 없으면 여기에 대해 들을 수 없고, 듣지 못하면 믿을 수 없으며, 믿을 수 없으면 주의 이름을 부를 수도 없어서 결국 구원을 받지 못한다는 말입니다. 즉 직접 가서 복음을 전하지 않으면 믿고 구원을 받을 수 없다는 것입니다. 여기에 전도와 선교의 필요성이 있습니다.

만약 복음을 전해 듣지 못하고 죽어도 죽고 난 뒤에 또 다시 기회가 주어진다면 지금도 오지에 들어가서 선교하기 위해 생명 바치는 선교사님들은 헛된 수고를 하는 셈입니다. 그렇다면 땅끝까지 가서 복음을 전하라고 하신 예수님의 명령도 필요 없는 것을 명하신 셈이 됩니다. 그러니 이런 모순이 어디에 있습니까?

우리는 성경에 나오는 바울을 깊이 생각해 볼 필요가 있습니다. 바울은 예수 그리스도를 만나고 난 후 자신의 생명을 다하기까지 전도와 선교에 인생을 걸었습니다. 만약 죽음 이후에 또 다른 구원의 기회가 있었다면 바울이 그렇게까지 목숨을 바쳐 선교하지 않았을 것입니다. 그러므로 죽고 난 뒤에 모든 사람들이 결국은 구원을 받는다고 하는 만인구원설은 인간의 헛된 기대감은 충족시켜 줄지 모르나 성경적인 진리는 아닌 것입니다.

지옥에 대한 경각심을 가지라

우리는 지옥에 대한 경각심을 가져야 합니다. 지옥은 정말 농담도 아니고 장난도 아닙니다. 지옥은 생생한 실제이고 너무나 두려운 장소입니다. 그러므로 우리가 지옥에 대해 생각할 때 가장 먼저 해야 할 일은 나의 구원을 점검하는 일입니다. 내가 정말 예수 그리스도를 믿고 있는가? 나는 정말 거듭났으며 구원받았는가? 오늘 밤 당장 죽더라도 나는 천국에 갈 수 있는가 하는 것을 분명하게 점검해 보아야 합니다. 오늘날 많은 사람들이 예수 그리스도 아닌 다른 것에 인생의 기초를 둡니다. 자신의 능력이나 재물 혹은 인기, 명예나 권력이 자신의 인생을 지탱해 줄 수 있는 기초라고 착각하여 그 기초 위에 인생의 집을 짓습니다.

그러나 그 집은 하루아침에 무너질 수 있는 집입니다.

2014년 10월 17일 판교 테크노밸리 축제에서 믿을 수 없는 사고가 일어났습니다. 사람들이 공연을 더 잘 보려고 환풍구 위에 올라갔다가 환풍구 덮개가 내려앉아 버리는 사고가 일어난 것입니다. 이 사고로 20여 명이 환풍구 아래로 추락해서 그중에서 16명이나 사망했습니다.

그들은 대부분 직장인들이었고 그날 아침 출근을 하면서 오늘 자신이 죽는다는 사실을 전혀 몰랐을 것입니다. 그들은 환풍구에 올라서면서도 그것이 무너진다는 생각은 단 한 번도 해 보지 못했을 것입니다. 그러나 그 환풍구 덮개는 사람들의 무게를 지탱할 만큼 튼튼하지 못한 것이었습니다. 그래서 결국 무너지고 말았습니다.

오늘날 많은 사람들이 의지하는 재물이나 권력이나 인기가 죽음 앞에서 자신을 지탱해 줄 만한 것이 될 수 있을까요? 환풍구가 무너지면서 한 순간에 목숨을 잃은 사람들처럼 하나님 아닌 다른 것에 인생의 기초를 두고 있는 사람들은 이 땅에서의 삶이 끝나는 순간에 그 모든 것이 결국 허약한 기초였다는 사실을 깨닫고 절망할 것입니다.

저는 당시 판교 테크노밸리 축제 사고 소식을 접하면서 갑자기 조나단 에드워즈의 설교가 생각이 났습니다. 그는 미국의 가장 위대한 신학자이자 철학자이며, 최후의 청교도라고 불리는 사람입니다. 미국의 제1차 대각성 운동을 일으킨 장본인이며 예일대학교를 수석으로 졸업하였고 프린스턴대학교의 학장을 역임한 탁월한 지성의 소유자였습니다.

그가 남긴 설교 중에 "진노하시는 하나님의 손 안에 있는 죄인"이라는 설교가 있습니다. 그는 설교를 할 때 요즘의 부흥사처럼 사람을 흥분시키는 그런 설교를 하지 않았습니다. 그냥 조용한 목소리로 설교 원고를 읽어 나갔는데 성령님이 강력하게 역사하셔서 그 설교를 듣는 사람들은 다가오는 지옥의 공포에 사로잡혀 울부짖으며 죄를 회개하는 역사가 일어났다고 합니다. 그 설교의 한 부분에 다음과 같은 내용이 나옵니다.

"지금 건강하고 당장 사고로 세상을 떠날 염려가 없는 것처럼 보이며, 현재 상황으로 볼 때 전혀 위험 요소가 보이지 않는다고 해서 이런 것이 자연인에게 결코 안전보장이 되지 못합니다. 세상은 여러 방식으로 끊임없이 죽음을 체험하고 있습니다. 따라서 당장 가시적으로 죽음이 임박했다는 표증이 없다 해서 이것이 그 사람이 영원의 문턱에 서 있지 않다거나, 한 발짝만 더 지나면 저 세상으로 들어가지 않는다는 증거가 될 수 없습니다. 갑자기 사람으로 하여금 세상을 떠나게 만드는, 눈에 보이지 않고 예상하지 못했던 방법과 수단들은 수를 헤아릴 수 없을 정도로 많습니다. 회심하지 않은 사람은 지옥의 다 썩어빠진 뚜껑 위를 걷고 있습니다. 지옥의 썩은 뚜껑 위에는 수없이 많은 곳이 너무 약해서 이 위를 걷고 있는 사람의 무게를 감당할 수 없습니다. 그런데 그 약한 지점이 어디인지는 악인의 눈에 보이지 않습니다."[68]

조나단 에드워즈는 우리 인생들은 모두 금방 지옥으로 떨어질 수 있는 너무나 허약한 뚜껑 위를 걷고 있는 존재라는 사실을 이야기합니다. 그는 비록 죄인들이라도 하나님께서 지금 그들을 붙들어 주고 계시기 때문에 지옥으로 떨어지지 않고 있지, 하나님께서 손을 놓으시면 한 순간에 지옥으로 갈 수 있다는 사실을 강조합니다. 그가 말하는 지옥의 위험성에 대한 경고는 다음과 같습니다.

"오, 죄인들이여! 여러분이 처해 있는 무서운 위험을 생각해 보십시오. 여러분이 하나님의 손에 매달려 있는 곳은 진노하는 큰 용광로요, 넓고 바닥이 없는 구덩이며, 진노의 불로 충만한 곳입니다. 하나님의 진노는 지옥에 있는 저주받은 많은 사람들에게 타오르듯이 여러분에 대하여도 타오르고 있습니다."[69]

제가 예수 그리스도를 믿고 난 뒤 가장 충격을 받았던 내용이 바로 지옥에 관한 부분이었습니다. 다음 세상에 천국과 지옥이 있다는 사실과 인간으로 태어났다면 그저 열심히 착하게 살아도 대부분 지옥으로 가게 된다는 사실을 깨닫고 얼마나 충격을 받았는지 모릅니다.

"에이 설마 그럴 리가? 그렇다고 다 지옥으로 가겠어?"

이렇게 생각하는 분은 로마서 3장 23절을 다시 읽어 볼 필요가 있습니다.

"모든 사람이 죄를 범하였으매 하나님의 영광에 이르지 못하더니."(롬 3:23)

여기서 하나님의 영광에 이르지 못한다는 말은 하나님이 계신 천국에 가지 못한다는 말인데 이 말은 곧 천국이 아닌 지옥에 가게 된다는 말입니다. 여기서 모든 사람에는 저와 여러분이 모두 포함됩니다.

그래서 우리 인간이 지옥 가는 것은 마치 '자동 컨베이어 시스템'에 놓인 것과 같습니다. 공장에 가면 '자동 컨베이어 시스템'에 물건이 놓여 있으면 저절로 그냥 쭉 미끄러져 그 다음 장소로 이동하지 않습니까? 우리 인간이 지옥에 가는 과정도 이것과 거의 비슷합니다.

어린아이로 태어나서 열심히 살고, 열심히 공부하고, 열심히 노력해서 대학에 가고, 그 어렵다는 취직에 성공해서 열심히 일하고, 야근도 열심히 하고 결혼해서 가정을 이루고 가족들을 먹여 살리려고 열심히 노력하고 그러다가 나이가 들어 죽었는데 막상 죽고 나서 가 보니 지옥인 것입니다. 세상에 이것만큼 기가 막히는 일이 어디에 있겠습니까?

사탄은 우리가 이 사실을 깨닫지 못하도록 최대한도로 노력합니다. 가끔씩 전도자로부터 '여러분의 인생을 통한 하나님의 계획'이라는 말을 들어보신 줄 압니다. 그렇다면 '여러분 인생에 대한 사탄의 계획'은 무엇일까요? 그것은 여러분이 최대한 순탄하게 지옥가게 하는 것입니다. 이런 생각을 하면 아찔하고 소름이 끼칩니다. 그러나 이것은 사실입니다.

그래서 저는 예수님을 믿고 난 뒤 삶의 목표를 '수단과 방법을 가리지 않고 최대한 많은 사람들에게 예수님을 전하는 것'으로 잡았습니다. 성경은 우리가 지옥에 가지 않을 방법을 알려 주셨습니다. 그것은 예수 그리스도를 믿는 것입니다. 인간은 모두 죄가 있어서 지옥으로 가는데 하나님께서 우리 인간의 죄 문제를 당신의 아들 예수님의 십자가를 통해서 해결해 주셨습니다.

"한번 죽는 것은 사람에게 정해진 것이요 그 후에는 심판이 있으리니 이와 같이 그리스도도 많은 사람의 죄를 담당하시려고 단번에 드리신 바 되셨고 구원에 이르게 하기 위하여 죄와 상관 없이 자기를 바라는 자들에게 두 번째 나타나시리라." (히 9:27-28)

인간은 죽음 이후에는 누구나 심판을 받고 지옥에 가야 하지만 하나님의 아들 예수 그리스도께서 이 모든 사람들의 죄를 대신해서 십자가 위에서 자신을 희생 제물로 드렸기 때문에 이 사실을 믿는 사람은 죄 용서함을 받고 구원을 받을 수 있습니다.

만약 이것이 사실이라면 우리는 수단과 방법을 가리지 않고 이 기쁜 소식을 온 세상에 전해야 할 책임이 있습니다. 한 사람이라도 더 천국으로 데려가야 하기 때문입니다. 세상에 이 일만큼 중요한 일이 어디에 있겠습니까!

다음과 같은 말이 있습니다.

"지옥에 대해 말하면 사람들이 싫어할 것이다. 그러나 지옥에 대해 전하지 않으면 하나님께서 싫어하신다."[70]

여러분은 사람들이 싫어하는 것이 두렵습니까? 하나님이 싫어하시는 것이 두렵습니까? 오늘날 사람들이 싫어할까 봐 지옥에 대해서 언급하지 않는 경우가 많이 있습니다. 그러나 우리는 주위의 다른 영혼들에게 적극적으로 관심을 가지며 지옥에 대해 이야기해 주어야 합니다. 지옥은 아무리 생각해도 너무 끔찍하고 두려운 곳이기 때문입니다.

인간으로 태어나면 정말 골치 아픈 것이 있습니다. 그것은 좋든 싫든 영원히 살아야 한다는 것입니다. 이것은 인간에게 주어진 고귀한 특권이면서 지옥으로 가는 사람에게는 너무나 끔찍한 현실입니다. 천국에서 영원히 사는 것은 축복된 일이지만 지옥에서 영원히 사는 것은 생각만 해도 끔찍한 일이기 때문입니다. 인간은 잠시 있다가 사라질 존재가 아니라 영원한 생명을 지닌 존재이기 때문에 모든 인간은 너무나 중요한 존재입니다.

그래서 C. S. 루이스는 다음과 같이 말했습니다.

"모든 인간은 고상한 존재, 상상을 초월하는 존재가 되거나, 그렇지 않으면 구속을 초월하는 악한 존재가 되는 과정 속에 있다. 당신이 지금 알고 지내는 사람 가운데 가장 둔하고 가장 재미없는 사람이 어느 날 당신에게 경배하고 싶은 유혹을 줄 정도의 어떤 존재가 되거나, 혹은 악몽에서나 볼 수 있는 공포스럽고 끔찍한 존재가 될 수 있다. … 평범한 사람은 없다. … 우리가 함께 농담하고, 일하며, 결혼하고, 윽박지르며, 이용하는 사람들은 모두 불멸의 존재들이다. 불멸의 공포거나 영원한 광채의 존재들인 것이다."[71]

예수님이 한 영혼의 가치를 온 천하보다 귀하게 여기신 마 16:26 이유가 여기에 있는 것입니다. 이것을 생각할 때 우리는 적극적으로 예수님을 전해야 하며 그들이 예수 그리스도를 믿지 않고 받아들이지 않을 때 정말 안타까워하면서 눈물로 기도해야 합니다.

20세기 최고의 지성이라고 일컬어지는 프랜시스 쉐퍼 Francis A. Schaeffer 라는 분이 있습니다. 미국 태생으로 스위스에 라브리 공동체를 세워서 지적이고 탐구심 강한 젊은이들에게 하나님의 말씀을 전하고 올바른 기독교 세계관을 제시하는 일을 해서 세계적으로 유명해진 분입니다. 어느 날 한 청년이 쉐퍼 박사에게 다음과 같은 질문을 했습니다.

"박사님, 복음을 결코 듣지 못한 사람은 어떻게 됩니까?"

그들은 탁월한 지성을 가진 쉐퍼 박사님이 예리하고 멋진 대답을 해 줄 것을 기대하면서 기다렸습니다. 그러나 쉐퍼는 아무 말도 하지 않았습니다. 대신에 고개를 숙이고 울었습니다.[72]

디엘 무디 D. L. Moody 는 지옥에 대해 설교하면서 울지 않고 설교한 적이 없었다고 합니다. 스펄전 목사님은 언젠가 이렇게 설교했습니다.

"죄인들이 지옥에 가더라도 우리 몸을 밟고 가게 하자. 그들이 멸망하더라도 우리는 그들을 살리기 위해 애를 쓰자. … 지옥이 차야 하더라도 우리는 지옥이 차지 않게 최대한 노력하자. 경고나 기도를 받지 않고 지옥에 가는 사람은 한 명도 없게 하자."[73]

성경은 하나님께서 인간들이 지옥에 가는 것을 보면서 결코 기뻐하시지 않는다는 사실을 이야기합니다.

"주 여호와의 말씀이니라 내가 어찌 악인이 죽는 것을 조금인들 기뻐하랴 그가 돌이켜 그 길에서 떠나 사는 것을 어찌 기뻐하지 아니하겠느냐."(겔 18:23)

인간은 살아 있을 때만 기회가 있습니다. 죽고 나면 또 한 번의 기회란 없습니다. 그러므로 우리의 생명이 붙어 있는 한 그리고 전도 대상자의 호흡이 끊어지지 않는 한 우리는 우리 모두를 영원한 지옥에서 벗어나게 하는 천국 복음을 최선을 다해 전해야 합니다.

천국 백성은 어떻게 살아야 하는가?

HEAVEN

그리스도인은 천국에 이르려고 애쓰고 있는 이 세상 시민이 아니다. 이 세상을 통과해 나아가고 있는 천국의 시민이다.

-빈스 해브너-

언젠가 저는 미국 CNN의 명 앵커인 앤더슨 쿠퍼Anderson Cooper가 심사위원으로 출연하는 한 프로그램의 영상을 본 적이 있습니다. 그 영상에는 1분 30초만에 그림을 그릴 수 있다고 주장하는 한 남자가 나옵니다. 그는 큰 캔버스를 무대 위에 놓고 붓을 들고 익숙한 솜씨로 그림을 그립니다. 화면에는 1분 30초로부터 해서 시간이 점점 줄어드는 것을 표시해 주는 타이머가 나오고 사회자가 "1분 남았어요." "30초 남았어요."라고 하며 시간을 확인해 주는 소리가 나옵니다.

저는 처음 그 영상을 보면서 이건 정말 말도 안 된다고 생각했습니다. 왜냐하면 그림이 마무리되기 10초 전까지도 캔버스에 그려진 그림은 도무지 무슨 그림인지 알아볼 수가 없었기 때문입니다. 검은색 캔버스 위에 타원형 형태의 큰 원이 있고 그 안에 흰색과 오렌지색으로 듬성듬성 물감이 칠해져 있었는데 아무리 살펴보아도 무슨 그림인지 도무지 알아볼 수가 없었습니다.

그런데 사회자가 시간이 다 되었다고 말하는 순간 놀라운 일이 일어났습니다. 그 화가가 붓을 내려놓자마자 자신이 그린 그림을 순간적으로 뒤집어서 거꾸로 세웠던 것입니다. 그런데 그 뒤집어진 그림을 보는 순간 모든 사람들의 입에서는 탄성이 흘러나왔습니다. 뒤집혀진 상태에서 본 그 그림은 너무나 뚜렷한 사람의 얼굴이었기 때문입니다. 언뜻 보기에는 그날 심사위원으로 나온 앤더슨 쿠퍼의 얼굴 같아 보이기도 했습니다. 어쨌든 그 그림은 좀 전에 뒤집기 전과는 딴판으로 완전히 분명한 사람의 얼굴 형상을 한 아주 멋진 그림이었습니다.

이 그림을 본 심사위원들과 방청객들은 모두 그 자리에서 일어나서 열렬한 기립 박수를 보냈습니다. 저도 이 그림을 보면서 정말 대단한 아이디어이고 대단한 실력이라는 생각이 들었습니다. 앤더슨 쿠퍼 씨도 극찬을 하면서 뒤집기 전에는 그 그림을 보면서 무슨 이상한 감자 같은 거라는 생각이 들었는데 정말 놀랍다고 이야기했습니다.

그런데 이 반전 그림의 영상을 보는 순간 저에게 어떤 영감이 떠올랐습니다. 언젠가 우리가 죽어서 하나님 앞에 설 때도 이와 비슷한 일이 벌어지지 않을까 하는 생각이 들었습니다. 즉 이 세상에 있는 모든 가치들이 뒤집히게 되는 날이 올 것이라는 생각이 들었습니다. 다시 말하면 이 땅에서 가장 가치가 있다고 생각했던 물질이나 명예와 같은 것들이 천국에서는 별 가치를 가지지 못하고 반면에 이 땅에서 별로 중요하지 않다고 생각했던 영혼 구원, 하나님 나라에 대한 헌신과 같은 것들이 천국에서는 너무나 중요한 가치를 지니게 되는 날이 올 수 있겠구나 하는 생각이 들었습니다.

오늘날 이 세상은 줄 세우기를 좋아합니다. 사람을 판단할 때도 공부를 잘하는 사람, 얼굴이 예쁜 사람, 돈이나 권력이 많은 사람 순으로 서열을 매겨 사람들을 줄을 세웁니다. 그런데 만약에 하나님께서 우리 보고 "뒤로 돌아서"라고 하면 어떻게 되겠습니까? 순서가 역전이 되지 않겠습니까? 그러니 우리가 이 땅의 가치를 위해 살 것이 아니라 천국의 가치를 위해 살아야 하지 않겠습니까? 특별히 천국과 지옥이 있다는 사실을 확신하는 사람일수록 더욱 그렇게 살아야 할 것입니다. 그렇다면 이렇게 천국과 지옥이 있음을 분명히 알게 된 사람은 삶의 태도를 어떻게 바꾸어야 할까요?

먼저 세상에 대한 집착을 버려야 할 것입니다. 세상의 것에 매여 연연하다가는 천국의 소망을 놓치기 쉽기 때문입니다. 성경은 분명히 다음과 같이 이야기합니다.

"그러므로 너희가 그리스도와 함께 다시 살리심을 받았으면 위의 것을 찾으라 거기는 그리스도께서 하나님 우편에 앉아 계시느니라 위의 것을 생각하고 땅의 것을 생각하지 말라 이는 너희가 죽었고 너희 생명이 그리스도와 함께 하나님 안에 감추어졌음이라 우리 생명이신 그리스도께서 나타나실 그 때에 너희도 그와 함께 영광 중에 나타나리라."(골 3:1-4)

성경은 아래의 것이 아닌 위의 것을 찾으라고 이야기합니다. 세상에 대한 집착을 버리고 영적인 세계를 사모하고 천국을 사모하라는 것입니다. 물론 이 땅의 삶은 힘들고 어렵습니다. 그러나 늘 천국을 사모하고 살아가는 사람의 마음에는 기쁨과 행복이 찾아옵니다. 청교도인 리처드 백스터는 다음과 같이 말했습니다.

"하늘을 향한 마음은 기쁨이 가득한 마음이다. 그런 마음이야말로 위로가 가득한 삶을 살아갈 수 있는 가장 확실한 길이다. 불이 있는 곳에 있으면 따뜻하지 않을 수 없고, 햇빛을 받으면서 어두움에 있을 수 없듯이 하늘을 향한 마음에는 위로가 충만

하기 마련이다. 그러나 하늘에 마음을 두지 않고 살아가는 신자는 얼음처럼 차갑고 평안이 없는 삶을 살아갈 수밖에 없다."[74]

또한 천국에 대한 소망이 있는 사람은 예수님의 인격을 닮아가야 할 것입니다. 그리스도인들의 궁극적인 목적은 예수님을 닮는 것입니다. 외모를 닮는 것이 아니라 예수님의 인격을 닮는 것입니다. 이것은 우리 속에 예수님의 영이신 성령님이 들어와서 삶의 열매를 맺으시면서 하나씩 이루어지는 일입니다. 우리가 이 땅에서 성취한 모든 것들은 이 세상을 떠나는 순간 무덤 속으로 들어가 버리고 맙니다. 그러나 이 땅에서 예수님을 닮기 위해 몸부림치고 노력한 모든 것은 천국에서 인정받는 상급으로 남을 것입니다.

우리는 이 땅에서 성화를 위해 얼마나 노력했는가에 따라서 천국에서 영적 그릇에 있어서 차이가 난다는 사실을 반드시 기억해야 합니다. 여러분의 영적 그릇이 클수록 하나님께 더 많은 인정을 받고 더 많은 권한과 책임을 맡을 것입니다. 그러므로 이 땅에서 우리는 사랑하는 훈련, 섬기는 훈련, 인내하는 훈련을 많이 해야 합니다. 성경은 분명히 다음과 같이 약속합니다.

"망령되고 허탄한 신화를 버리고 경건에 이르도록 네 자신을 연단하라 육체의 연단은 약간의 유익이 있으나 경건은 범사에 유익하니 금생과 내생에 약속이 있느니라."(딤전 4:7-8)

우리가 거룩하게 살려고 몸부림치고 예수님을 닮으려고 노력한 만큼 천국에서는 더 큰 상급이 있을 것입니다. 그래서 어떤 면에서는 이 땅의 삶은 학교에 다니는 것과 같습니다. 어떤 아이도 학교에서 영원히 머무르지 않습니다. 학교는 수업을 받기 위해 잠시 머무르는 곳입니다. 하루 일과가 끝나고 배울 것을 다 배우면 마치는 종이 울립니다. 그러면 아이는 집으로 돌아갑니다.

우리의 인생도 마찬가지입니다. 하나님께서 이 땅에 저와 여러분을 잠시 보내셨습니다. 하나님과 함께 영원히 살기 전에 준비되고 훈련되기 위해 잠시 이 땅에 보내신 것입니다. 그러므로 이곳에서 배울 것을 다 배우고 준비가 되면 하나님께서는 우리를 불러 올리실 것입니다. 그때부터 우리는 그분과 함께 영원히 살게 될 것입니다.

그리스도인은 삶에 천국의 향기가 나야 합니다. 얼굴에서 천국의 영광의 빛이 비춰야 합니다. 우리가 천국 가기 전에 먼저 사람들이 우리의 얼굴과 말과 삶에서 천국을 볼 수 있어야 합니다. 그러기 위해서는 천국 가기 전에 이 땅에서 먼저 천국의 삶을 시작하는 것이 중요합니다.

마지막으로 천국을 제대로 아는 사람은 천국에 보물을 쌓는데 시간과 물질과 노력을 투자해야 할 것입니다. 예수님은 우리의 보물이 있는 곳에 우리의 마음이 있다고 하셨습니다. 눅 12:34 지혜롭지 못한 사람은 이 땅의 소유에 집착합니다. 그러나 지혜로운 사람은 이 땅의 것을 가지고 하늘나라의 보물로 바꿉니다.

랜디 알콘은 다음과 같이 말했습니다.

"우리의 보물이 이 땅에 있다면 이 생에서 살면 살수록 우리는 우리의 보물에서 멀어져 갈 것이다. 그러나 우리의 보물이 하늘에 있다면 이 땅에서 살면 살수록, 죽음에 가까이 가면 갈수록 우리의 보물을 향해 나아갈 것이다."[75]

예수님께서 보화를 하늘에 쌓으라고 말씀하셨는데 이 말씀을 오해하지 말아야 합니다. 이 말씀을 잘못 이해하면 하나님께서 우리의 보물을 탐내시는 것 같이 느껴질 수 있는데 하나님이 원하시는 것은 보물이 아니고 우리의 마음입니다. 하나님은 물질을 통해 우리가 어떤 사람인지를 달아 보십니다.

어윈 루처 목사님은 "돈은 우리가 그리스도의 통치와 영광을 위한 모든 책임을 감당하며 그분과 함께 다스리기에 합당한 사람들인지 아닌지를 시험하는 도구다. 돈을 보다 영속적인 가치를 지니는 형태로 바꾸는 지혜를 가진 이들이야말로 매우 현명한 사람들이다."[76]라는 말을 했습니다.

우리의 승부는 이 땅에서가 아니라 저 땅에서 나는 것입니다. 이 땅에서 떵떵거리며 잘 살더라도 저 하늘나라에서 아무 보화가 없는 사람은 불쌍한 사람입니다. 모세가 왜 인생을 그렇게 살았습니까? 하늘나라 상급을 바라보았기 때문입니다.

"믿음으로 모세는 장성하여 바로의 공주의 아들이라 칭함 받기를 거절하고 도리어 하나님의 백성과 함께 고난 받기를 잠시 죄악의 낙을 누리는 것보다 더 좋아하고 그리스도를 위하여 받는 수모를 애굽의 모든 보화보다 더 큰 재물로 여겼으니 이는 상 주심을 바라봄이라." (히 11:24-26)

모세가 어리석어서 그렇게 했습니까? 세상 사람들이 보기에는 어리석어 보였지만 그는 사실 진정으로 지혜 있는 사람이었습니다.

랜디 알콘은 다음과 같이 말합니다.

"하나님의 존전에서 우리를 기다리고 있는 기쁨을 깨닫는다면 우리는 지금 별다른 기쁨 없이도 지낼 수 있다. 천국에서 우리를 기다리고 있는 재물을 깨닫는다면 우리는 이 땅의 재물을 기꺼이 포기하고 천국에 보물을 쌓을 것이다. 하나님의 나라에서 통치자인 우리에게 주어질 권력을 깨닫는다면 우리는 이 땅에서 권력을 추구하지 않고 살 수 있다."[77]

이 땅에 아무리 많은 것을 가졌어도 저 위에서 아무것도 없다면 그 인생은 허무합니다. 성경은 그런 사람을 어리석은 부자에 비유합니다. 이 땅에서 하나님께서 우리에게 주신 많은 것들이 있습니다. 자신의 건강, 시간, 재능, 물질을 주님을 위해 사용해야 합니다. 그러할 때 그 모든 것이 하늘나라에서 보화로 쌓이게 될 것입니다.

우리는 종종 천국을 실제적인 나라로 생각하지 않고 사는 경향이 있습니다. 그러나 천국은 실제적이고 현실적인 나라입니다. 지금 우리가 사는 이 세상보다 더욱 실제적인 곳입니다. 천국에 비하면 이 땅은 오히려 그림자에 불과합니다. 조나단 에드워즈는 이 땅에서의 삶을 천국으로 가기 위한 여정으로 사용해야 한다고 이야기했습니다. 그 이유는 그곳에 우리의 진정한 행복이 있기 때문입니다.

스펄전 목사님도 다음과 같이 말했습니다.

"하나님은 잠시 살다가 죽고 마는 사람의 하나님이 아니시다. 그분은 죽지 않는 사람들의 살아 계신 하나님이시다. 그들의 현재의 삶은 영원히 끝나지 않는 밝은 미래를 향한 어두운 통로일 뿐이다. 현재의 삶이란 우리 삶의 전체 역사에 놓인 짧은 서론일 뿐이다. 늘 물결 출렁이는 우리 인생의 강물은 이 땅에서 끝나는 것이 아니라 끝없는 축복의 망망대해로 흘러간다."[78]

그렇습니다. 우리의 인생은 그 자체로 끝이 아니라 영원한 천국을 향해 가는 통로에 불과합니다. 그러므로 천국과 지옥에 대해 분명하게 알고 있는 사람은 삶의 무게 중심을 천국으로 옮겨야 합니다. 천국에 대해 묵상하고, 천국에 대해 전하고, 천국에 보화를 쌓는 사람이 되어야 합니다. 내게 주어진 모든 시간과 물질과 재능을 사용해서 한 영혼이라도 더 지옥에 가지 못하게 막고 한 사람이라도 더 천국으로 인도하는 그런 사람이 되어야 할 것입니다. 이것이 천국과 지옥을 제대로 아는 사람이 마땅히 가져야 할 삶의 자세이며 태도인 것입니다.

나가는 말

"천국을 향한 마음은 유혹에 대한 가장 강력한 방부제다."
(리처드 백스터)

　오늘날 이 세상 사람들은 먼 미래를 바라보기보다는 당장 눈앞에 보이는 것들에 대한 즉각적인 만족을 추구하면서 살아가는 경향이 있습니다. 세상이 너무 물질적으로 풍요해지고 눈에 보이는 것들만 중요하게 여기는 시대가 되다 보니 저 멀리 있는 하늘나라는 나와 상관없는 곳으로 생각하고 살아가기가 참 쉽습니다.
　그런데 참으로 안타까운 것은 이런 현상이 교회 바깥세상에만 있는 것이 아니라 교회 안에도 만연해 있다는 사실입니다. 어느덧 목사님들의 설교에서 천국과 지옥에 관한 설교도 많이 사라졌고 교회 성도들도 천국에 대한 관점으로 오늘을 살아가는 것이 아니라 지금 당장의 성공이나 부와 명성과 인기를 위해 살아가는 것이 당연시 되어 버렸습니다.

　기독교 신앙의 핵심은 '예수 믿고 천국 가는 것'인데 어느 순간부터 '예수 믿고 복 받는 것'으로 변해 버렸습니다. 내세에 대한 소망을 가지는 신앙에서 지금 현세에서 잘 먹고 잘사는 것만을 추구하는 신앙으로 변질되어 버렸습니다.

　마귀는 천국과 지옥을 부인합니다. 그리고 천국과 지옥에 대해 이야기하더라도 사람들이 잘못된 오해를 가지게 만듭니다. 천국에 대한 가장 큰 오해는 천국은 너무나 지루한 곳이라는 오해입니다. 그러나 천국은 많은 사람들이 오해하고 있듯이 그렇게 지루하고 재미없는 곳이 아닙니다. 천국은 놀라운 기쁨과 사랑, 은혜와 감격 그리고 신나는 모험과 재미가 가득한 곳입니다.

　이 세상에 있는 모든 선한 일들과 좋은 것들은 모두 하나님께로부터 나오는 것입니다. 하나님이 우리가 누리는 모든 즐거움과 행복의 원천입니다. 그러므로 하나님의 임재가 충만한 천국이야말로 인간에게 가장 큰 기쁨과 감격을 주는 곳일 것입니다. 그래서 다윗은 다음과 같이 고백했습니다.

"주께서 생명의 길을 내게 보이시리니 주의 앞에는 충만한 기쁨이 있고 주의 오른쪽에는 영원한 즐거움이 있나이다."(시 16:11)

천국에 대한 오해뿐만 아니라 지옥에 대한 오해도 있습니다. 지옥은 담배 연기 가득하고 왁자지껄한 도박장 같은 곳 정도로 생각하는 사람들이 많이 있습니다. 껄렁한 사람들이 술을 마셔대며 시시한 농담을 하고 즐기는 그런 곳 정도로 지옥을 생각하는 사람들이 많이 있습니다. 그래서 어떤 사람은 이렇게 이야기합니다.

"나는 지옥이 좋아. 거기에는 내 친구들이 있을 것이고, 재미있는 사람들은 다 그곳에 있을 거니까."

그러나 지옥은 결코 그런 곳이 아닙니다. 인간이 도저히 상상할 수 없고 감당할 수 없는 끔찍한 고통이 영원토록 계속되는 곳입니다. 또한 철저히 고립되어 외로움 가운데 고통받는 곳입니다.

천국과 지옥은 너무나 중요한 주제이기 때문에 우리가 머릿속으로 상상하여 판단하거나 어디서 주워들은 이야기로 판단해서는 안 될 것입니다. 천국과 지옥에 대해 올바로 이해하려면 하나님의 말씀을 읽어 보아야 합니다. 그곳에는 천국과 지옥이 어떤 곳일지에 대한 정확한 정보가 들어 있습니다.

오늘날 기독교의 문제는 그리스도인들이 천국을 소망하지 않는다는 데 있습니다. 그러다 보니 우리 그리스도인들도 이 땅에 모든 것을 걸고 살아가게 됩니다. 그러니 기독교가 무력해지고 이 땅에서 영향력을 끼치지 못하고 있는 것입니다.

성경에 보면 이스라엘 백성들 이야기가 나옵니다. 그들이 한때 바벨론에 포로로 끌려간 적이 있습니다. 그들은 그곳에서 70년을 보냈습니다. 그리고 하나님의 약속대로 바사의 고레스왕이 그들이 본토로 돌아갈 수 있도록 허락을 했습니다. 그런데 그중에 몇 퍼센트가 돌아갔을까요? 단지 2.5퍼센트만 돌아왔습니다. 200만 명 중에 5만 명 정도만 돌아온 것입니다. 나머지 대다수는 바벨론에 머물러 있었습니다.[79]

그 이유가 무엇일까요? 그들이 70년 동안 지내다 보니 바벨론 땅에 너무 깊이 뿌리를 내려 버리고 만 것입니다. 그래서 그들에게는 어느덧 고국보다 바벨론이 더 편안하고 좋은 곳이 되어 버렸습니다. 우리 그리스도인들도 마찬가지입니다. 이 땅에서 70년 정도 살다가 보면 이 세상 것이 익숙해집니다. 그러다 보면 천국에 대한 관심이 없어집니다. 이 땅에서 어떻게든 성공하고 인정받고 출세하고 번영하는 것에만 관심을 가지게 됩니다. 그러다 보면 천국의 사람인 우리 그리스도인들이 어느덧 이 땅의 사람이 되어 버립니다. 천국에는 관심도 없는 사람이 되어 버립니다.

하나님의 택하신 백성인 이스라엘 사람들이 자신의 고국에 돌아갈 기회가 주어졌는데도 이방인의 땅에 머무르겠다고 하는 것이 말이 됩니까? 하나님이 약속하신 젖과 꿀이 흐르는 땅이 아니라 이방인이 주는 풍요와 축복으로 만족하겠다는 것이 옳은 행동입니까? 그러나 그들은 그런 선택을 했습니다. 그로 인해 바벨론 땅에 남은 사람들의 이름은 잊혀졌습니다.

그러나 성경은 바벨론의 풍요가 주는 유혹을 물리치고 이스라엘로 돌아와 성전이나 성벽 건축에 앞장섰던 사람들의 이름을 기록하고 있습니다. 스룹바벨이나 느헤미야, 에스라와 같은 사람들이 그런 사람들입니다. 바로 그런 사람들이 하나님 보시기에 영웅들인 것입니다.

오늘날도 마찬가지입니다. 대부분의 사람들은 이 땅에 관심이 더 많습니다. 하나님 나라보다는 자신의 왕국을 세우는 데 더 관심이 많습니다. 하나님께서 그들을 통해 이루시고자 하는 꿈에는 관심이 없고 자신의 안위나 이익에만 관심이 있습니다. 그러므로 하나님의 꿈은 성취되지 못하고 하나님의 역사는 일어나지 못합니다.

그러나 그런 사람들 가운데도 진정으로 천국을 사모하며 하나님 나라를 위해 삶을 드리는 사람들이 있습니다. 하나님 보시기에 그런 사람들이 진정한 영웅입니다. 하나님은 그런 사람들을 기억하실 것입니다. 저는 여러분들이 바로 그러한 사람들이 되기를 소망합니다. 비록 이 땅에 발을 딛고 살아가지만 영원한 하늘나라에 소망을 두며 하나님 나라의 가치로 살아가는 사람들이 되기를 소망합니다. 그것이 바로 이 책이 쓰인 목적이고 우리가 천국과 지옥에 대한 분명한 이해를 가져야 하는 이유입니다.

미 주

1. C. S. 루이스, 『스크루테이프의 편지』(홍성사, 2000), p. 87.
2. 존 파이퍼, 『오직 예수』(복있는사람, 2012), p. 68.
3. 어윈 루처, 『당신이 죽은 1분 후』(디모데, 1998), pp. 33-34.
4. 드와이트 무디, 『천국』(생명의말씀사, 2013), pp. 132-33.
5. K. Connie Kang, "Next Stop, the Pearly Gates or Hell?" *Los Angeles Times*, October 24, 2003.
6. 랜디 알콘, 『헤븐』(요단, 2006), p. 49.
7. 랜디 알콘, 『헤븐』(요단, 2006), pp. 49-51.
8. 존 번연, 『존 번연이 본 천국과 지옥』(규장, 2004), pp. 38-39.
9. 어윈 루처, 『당신이 죽은 1분 후』(디모데, 1998), p. 101.
10. George MacDonald, quoted in Herbert Lockyer, *Deathe and the Life Hereafter* (Grand Rapids: Baker, 1975), p. 65.
11. Richard Baxter, *The Practical Works of Richard Baxter* (Grand Rapids: Baker, 1981), p. 97.
12. R. C. 스프롤, 『성경에 나타난 천국, 천사, 지옥, 마귀』(아가페북스, 2013), p. 39.

13. Dracke W. Whitchurch, *Waking from Earth: Seeking Heaven, the Heart's True Home* (Kearney, Neb.: Morris, 1995), p. 95.
14. 랜디 알콘, 『헤븐』 (요단, 2006), p. 170.
15. Sam Stoms, "Joy's Eternal Increase," an unpublished manuscript on *Jonathan Edwards's view of Heaven*.
16. Jonathan Edwards, *The Works of Jonathan Edwards*, ed. Perry Miller, vol. 13, The Miscellanies, ed. Thomas A. Schafer (New Haven, Conn.: Yale University Press, 1994), 105, pp. 275-76.
17. 어윈 루처, 『당신이 죽은 1분 후』 (디모데, 1998), pp. 95-96.
18. 어윈 루처, 『당신이 죽은 1분 후』 (디모데, 1998), p. 55.
19. Wayne Grudem, *Systematic theology: An Introduction to Biblical Doctrine* (Grand Rapids: Zondervan, 1994), p. 1158.
20. Anthony A. Hoekema, "Heaven: Not Just an Eternal Day Off", *Christianity Today* (June 6, 2003), http://www.christianitytoday.com/ct/2003/54.0.html.
21. 랜디 알콘, 『헤븐』 (요단, 2006), p. 109.
22. 존 맥아더, 『존 맥아더, 천국을 말하다』 (생명의말씀사, 2008), p. 134.
23. 랜디 알콘, 『헤븐』 (요단, 2006), p. 94.
24. John Piper, *Future Grace* (Sisters, Ore.: Multnomah, 1995), pp. 377-78.
25. 어윈 루처, 『영원한 상급』 (디모데, 1998), p. 33.
26. 어윈 루처, 『영원한 상급』 (디모데, 1998), pp. 33-34.
27. 어윈 루처, 『영원한 상급』 (디모데, 1998), pp. 34-35.

28. 오웬 스트라챈, 더글라스 스위니, 『조나단 에드워즈의 천국과 지옥』 (부흥과개혁사, 2012), pp. 136-37.

29. 오웬 스트라챈, 더글라스 스위니, 『조나단 에드워즈의 천국과 지옥』 (부흥과개혁사, 2012), pp. 138-39.

30. Jonathan Edwards, quoted in John Gerstner, *Jonathan Edwards on Heaven Hell*, (Grand Rapids: Baker, 1980), 21-22.

31. 박부원, "초등학교도 마치지 못한 나에게 명예박사 학위" (국민일보 역경의 열매), 2016-05-25.

32. 랜디 알콘, 『헤븐』 (요단, 2006), p. 213.

33. 어윈 루처, 『성경을 믿어야 하는 일곱 가지 이유』 (프리셉트, 2000), p. 141.

34. 랜디 알콘, 『헤븐』 (요단, 2006), p. 194.

35. 안소니 데스테파노, 『천국에 관해 알고 싶은 모든 것』 (늘푸른소나무, 2006), p. 131.

36. 랜디 알콘, 『헤븐』 (요단, 2006), p. 68.

37. 랜디 알콘, 『헤븐』 (요단, 2006), p. 81.

38. A. A. Hodge, *Evangelical Theology: A Course of Popular Lectures* (Edinburgh: Banner of Truth, 1976), pp. 399-402.

39. James M. Campbell, *Heaven Opened* (New York: Revell, 1924), p. 123.

40. 랜디 알콘, 『아버지 집으로』 (토기장이, 2007), pp. 229-230.

41. W. G. T. shedd, *Dogmatic Theology* (Edinburgh: T&T Clark, 1889), 2: p. 680.

42. 존 파이퍼, 『오직 예수』 (복있는사람, 2012), p. 54.

43. 오웬 스트라챈, 더글라스 스위니, 『조나단 에드워즈의 천국과 지옥』

(부흥과개혁사, 2012), pp. 75-76.

44. 크리스토퍼 모간, 로버트 피터슨,『지옥론』(은혜출판사, 2008), p. 404.
45. 어윈 루쳐,『당신이 죽은 1분 후』(디모데, 1998), pp. 133-34.
46. 오웬 스트라챈, 더글라스 스위니,『조나단 에드워즈의 천국과 지옥』(부흥과개혁사, 2012), p. 87.
47. 에드워드 도넬리,『성경이 말하는 천국과 지옥』(부흥과개혁사, 2013), pp. 32-33.
48. 에드워드 도넬리,『성경이 말하는 천국과 지옥』(부흥과개혁사, 2013), p. 33.
49. 랜디 알콘,『악의 문제 바로 알기』(두란노, 2011), p. 247.
50. 크리스토퍼 모간, 로버트 피터슨,『지옥론』(은혜출판사, 2008), p. 441.
51. R. C. 스프롤,『성경에 나타난 천국, 천사, 지옥, 마귀』(아가페북스, 2013), p. 86.
52. Pope John Paul II, "General Audience", Wednesday, July 28, 1999, the Vatican News Service가 공개
53. 어윈 루쳐,『당신이 죽은 1분 후』(디모데, 1998), p. 7.
54. A. H. Strong, *Systematic Theology* (Philadelphia: Judson Press, 1907), p. 1034.
55. 조나단 에드워즈,『진노하시는 하나님의 손 안에 있는 죄인』(부흥과개혁사, 2004), p 50.
56. R. C. 스프롤,『기독교의 핵심진리 102가지』(생명의말씀사, 1997), p.329.
57. 크리스토퍼 모간, 로버트 피터슨,『지옥론』(은혜출판사, 2008), p. 16.
58. 크리스토퍼 모간, 로버트 피터슨,『지옥론』(은혜출판사, 2008), p. 179.
59. 존 맥아더,『재림, 다시 오실 주님의 약속』(넥서스CROSS, 2010), p. 259.

60. Moses Stuart, *Exegetical Essays on Several Words Relating to Future Punishment* (Philadelphia:Presbyterian Publication Committee, 1867(reprint of 1830 edition)), p. 62.

61. David I, Edward and John R. W. Stott, *Essentials: A Liberal-Evangelical Dialogue* (Downer Grove, Ill: InterVarsity Press, 1988), p. 314.

62. Charles H. Spurgeon, "Paul's First Prayer", 1855년 3월 25일 London에 있는 Exeter Hall에서 행해진 설교, *The New Park Street Pulpit* (London: Passmore and Alabaster, 1856), p. 124.

63. Thomas Brooks, *The Golden Key to Open Hidden Treasure* (London: Printed for Doman Newman, 1675) in A. B. Grosart, ed., The Works of Thomas Brooks (Edinburgh: J. Nichol, 1861-67),5: p. 130.

64. 크리스토퍼 모간, 로버트 피터슨, 『지옥론』(은혜출판사, 2008), p. 15.

65. 크리스토퍼 모간, 로버트 피터슨, 『지옥론』(은혜출판사, 2008), p. 306.

66. 크리스토퍼 모간, 로버트 피터슨, 『지옥론』(은혜출판사, 2008), p. 310.

67. Clark H. Pinnock, "The Destruction of the Finally Impenitent", *CTR 4* (1990): pp. 246-247.

68. 조나단 에드워즈, 『진노하시는 하나님의 손안에 있는 죄인』(부흥과개혁사, 2004), p. 29.

69. 조나단 에드워즈, 『진노하시는 하나님의 손안에 있는 죄인』(부흥과개혁사, 2004), pp. 42-43.

70. 크리스토퍼 모간, 로버트 피터슨, 『지옥론』(은혜출판사, 2008), p. 443.

71. C. S. Lewis, "The Weight of Glory." in *The Weight of Glory and Other Addresses*, rev. and exp. ed. (New York: Macmillan, 1980), pp. 18-19.

72. 에드워드 도넬리,『성경이 말하는 천국과 지옥』(부흥과개혁사, 2013), p. 124.
73. 랜디 알콘,『악의 문제 바로 알기』(두란노, 2011), p. 249.
74. Richard Baxter, *The Saints' Everlasting Rest, abridged by John T. Wilkinson* (London: Epworth, 1962), p. 110.
75. 랜디 알콘,『헤븐』(요단, 2006), p. 382.
76. 어윈 루처,『영원한 상급』(디모데, 1998), pp. 161-62.
77. 랜디 알콘,『아버지 집으로』(토기장이, 2007), p. 317.
78. 랜디 알콘, 찰스 스펄전,『하나님을 보는 즐거움』(터치북스, 2011), p. 51.
79. 프랭크 바이올라,『영원에서 지상으로』(대장간, 2009), p. 203.